교육자를 위한

다문화교육과 세계시민교육 방법론

김진희 지음

머리말

어린 시절 늘 놓고 보기만 해도 시간이 훌쩍 가게 만드는 애장품은 지구본과 세계지도였다. 평면의 세계지도를 보면 정말 지구가 둥글까라는 의문이 들었다. 지구를 구(球)로 표현한 지구본을 보면 대륙과 대양의 크기와 모양이 입체적으로 구현되어 있고, 수많은 나라의 이름과 경계가 표현된 것이 신기했다. 어쩌다보니 내가 태어난 곳은 아시아대륙의 작은 나라 한국이고, 나는 황인종으로 태어나서, 한국어를 모국어를 하는 환경에 놓이게 되었다. 내가 선택한 것이 아니라, 주어진 삶의 테두리이다.

나는 세상 밖이 몹시 궁금했다. 비록 아시아의 작은 나라, 한국의 작은 동네에서 태어났지만, 알록달록한 세계지도를 쳐다보면서 분명 저 산 넘어서, 저 바다 건너에는 내가 가늠할 수도 없는 새로운 세계가 있다는 묘한 상상력을 키워갔다. 그 상상력과 열린 세계에 대한 호기심이 수많은 나라를 편견 없이, 호기심 가득한 눈으로 다닐 수 있는 바탕이 되었다.

UN의 회원국가는 193개국이다. 국경을 가로지르면서 생겨나는 분리와 구분, 차이와 다양성에 대해서 늘 궁금했다. 누가 헤게모니를 가지는지, 누가 판을 주도하는지, 이방인이 된다는 것이 무엇인지를 탐구하고 싶었다. 그러한 근원적 관심 속에서 나는 교육학자로 지금까지 세계 70여 개 국가의 교육 현장을 둘러보았다. 경제와 우방, 외교가 탄탄한 전통적인 세계 강국, 시스템이 견고하게 갖춰진 잘 사는 선진국, 포효하기 시작하는 개발도상국, 전기도 물도 부족한 최빈국, 제국주의의 유산을 여전히 비즈니스와 외교 파워로 활용하는 국가, 식민지의 상흔과 부패 구조를 여전히 끌어안고 사는 위정자의 나라, 어떻게든 가난과 착취의 질곡을 극복하기 위해서 발돋움치며 혁신하려는 나라…

나에게 70여 개국은 하나의 거대한 배움의 바다였는지 모른다. 비록 이들 국가의 내력을 깊이 있게, 다각적으로 이해하는 데 미치지 못했지만, 적어도 세상에는 불변의 의제가 있다는 것을 국경을 넘을 때마다 무수히 깨지면서 깨달았다. 그것은 바로, 뛰어난 한 사람의 개인이 비참한 공동체의 운명을 끌어올리기에는 역부족이라는 점이며, 한 사람의 성장과 변화에 가장 필요한 것은 바로 '교육'이라는 교훈이었다. 인간을 변화시키는 가장 필요한 소프트웨어는 교육이다.

세계인권선언이 말한다. 교육받을 권리는 인간의 권리다. 유엔아동권리협약에서 선언한다. 모든 아동은 자신의 잠재능력을 최대한 발휘하는 데 필요한 권리를 가지며 차별 없이 교육받을 권리를 가진다. 교육은 공공재이며 어떤 사람이 피부색, 인종, 국적, 체류자격, 성별,

계층 등 다양한 조건과 배경에 상관없이, 성역 없이 배울 수 있는 기회가 평생에 걸쳐서 주어져야 한다.

이 책은 그동안 출간했던 다문화교육과 세계시민교육을 이론서를 기반으로 어떤 방법으로 가르쳐야 하는지를 질문과 사례, 기법과 의미를 다루고 있다. 효과적인 교육 방법과 테크닉을 가르쳐주는 처방주의적 비법을 담은 책이 아니라, 다문화교육과 세계시민교육을 둘러싼 복합적인 이론과 실천 전략을 맥락적으로 담고 있다.

이 책에는 전국 17개 시도교육청의 연수, 특강, 세미나, 소모임 등을 통해서 만난 수많은 교사들의 귀한 질문들이 재구성되어 담겨져 있다. 질문을 통해 시선 확장이 이루어지는 이 책에서는 다문화교육이 자리 잡아 온 10년의 교육계의 질문과 고민이 실타래처럼 얽혀있다. 교육학의 관점에서 다문화주의와 세계시민성을 20년간 연구한 저자는 맥락의 추를 잡고 다양한 질문의 경계를 넘으며 이론가로서 방향과 이정표를 보여주고자 한다.

데카르트식 지식의 정초주의에 기반을 두고 '정답'을 제시하기보다, 교육자의 시각에서 끊임없이 성찰하면서, 다문화교육과 세계시민교육의 실천에서 난감함과 머뭇거림, 모호한 경계선, 설익은 질문을 공감하면서 뿌리의 힘을 키우는 방향을 제안하고자 한다.

다문화교육은 이주 배경을 가진, 주류사회의 규범과 제도에 적응하고 교화시켜야 하는 '너'의 문제가 아니다. 바로 이 순간에도 예측하지 못한 삶의 과정에서 지식과 태도를 부지런히 재구성해야 하는 '나'의 문제, 낯선 타자와의 상호작용으로 성장하는 '나'의 문제, 그리고 사회공동체 속에서 학습하는 존재인 '우리'의 문제로 환원된다.

이제는 다문화교육을 숙제처럼 해결해야 하는 대응적 관점이 아니라, 열린 세계에서 개인이 가진 이질적인 다양성을 합리적으로 인정하고, 사회적 자본으로 끌어올리는 다문화교육 2.0의 시대로 궤도를 전환해야 할 시점이다. 그러한 전환의 여정에서 세계시민교육은 보다 포용적인 개념적 위성이 된다.

나는 영국 유학시절에 자기 자신의 정체성을 뿌리부터 '장황하게', '자랑스럽게' 소개하는 많은 영국인들을 보았다. 그저 자신의 이름이 데이비드, 마거릿 등 아무개가 아니라 정치인이든, 학자든, 예술가든, 엔지니어든, 대부분의 사람들은 자신의 배경과 약력을 '나의 뿌리'부터 소개하는 보편성이 드러난다. 자기 자신을 소개하면서 탄자니아 출신의 할머니와 자메이카 출신의 할아버지, 그리고 인도에서 성장한 어머니와 아일랜드 이민자인 아버지 사이에 태어난 '자신'을 설명하는 것이 일상의 의식 속에 묻어있는 것이 무척이나 인상적이었다. 철학자 크와메 안토니 아피아(Kwame Anthony Appiah)의 이론처럼 '뿌리내린 세계시민'(rooted cosmopolitan)을 지향하는 개인들이 지금의 자신을 만들어 준 다문화적 뿌리와 궤적을 자기 역사 속에서 받아들이고 인정하는 것이다. 심지어 그것은 독특하고 찬란한 자신만의 유산이 되는 지점이다. 지금까지 자신의 정체성의 젖줄이 되어 준 역사와 배경을 숨기거나 부정하지 않고 내재화하여 자신을 지키고 있다. 다문화배경이 굴절되거나 불리한 조건이 아니라, 오로지 '나'라는 유일의 우주 속에서 존재하는 역사의 흐름을 담아내는 자랑스러운 배경이 되는 것이라고 볼 수 있다.

이제 다양성을 관리하고 연주하여 새로운 하모니를 맞추어가야 하는 시대에 우리가 함께 서 있다. 이 책이 다양성의 가치를 이어주는 작은 연결 고리가 되기를 소망한다. 특히 교육현장에서 묵묵히 노력하고 있는 교육자들에게 나침반이 되기를 바란다.

가르치는 입장에 서있는 교육자 역시 전 생애과정에서 끊임없이 배우는 평생학습자라는 관점이 중요하다. 우리는 매일 숨 쉬듯이, 무언가를 깨닫고 배운다. 현장의 교사들을 만나면서 연구자로서 저자는 더 깊은 성찰과 배움의 기회를 얻게 되었다. 보이지 않는 곳에서 헌신하고 있는 많은 교육자들에게 경의를 표한다.

2021년 12월

저자 김진희

차 례

시리아 난민과 편견

소외지대의 언어, 다문화

낙인, 소외, 타자화

다문화학생의 미래를 막는 억압적 시선

학부모교육, 다문화가정 학부모와 소통

변화하는 다문화사회에서 교사의 핵심 역량

편견 해소와 공존의 방법

다양성을 연주하는 학교, 다양성 관리의 시대

판의 개혁, 다양성과 세계시민성을 학습하는 근본적 교육 철학

더 큰 민주주의를 향한 연대, 지역에서 세계시민성 실천

다문화 혐오 발언

STORY 1

다문화 혐오 발언의 파문, 익산 시장

"생물학적으로 '잡종강세'라는 말도 있다. 똑똑하고 예쁜 애들(다문화가정의 자녀)을 사회에서 잘못 관리하면 파리 폭동처럼 될 수 있다."

2019년 6월 네이버 실시간 검색 1위로 '다문화 잡종', '익산 시장'이 올랐다. "다문화가정이 잡종?"…익산 시장 막말에 이주여성 뿔났다. "단체장이 다문화 자녀에 '잡종·튀기' 발언 일파만파" 등 선정적인 뉴스 제목이 전면 도배되었다.

문제의 발언은 30만 명의 인구를 가진 익산시 정헌율 시장의 발언이었다. 2019년 5월 11일 다문화가족을 위한 행사장에서 축사 형태로 나온 발언이라는 것이 더욱 충격적이다. 그 자리에는 익산시 다문화가족 700명이 참석하였다.

이주배경을 가진 다문화자녀들을 제대로 지도하고 훈육하지 않으면 프랑스의 이민자 테러 사태가 일어날 수도 있다는 인식은 다문화에 대한 지독한 편견과 우월의식의 발로를 보여준다. '다문화가정 자녀→잡종→폭동과 테러의 주도 세력'이 될 가능성을 시장의 축사에서 주요 논리로 담았다는 점이 충격적이다. 정시장은 단순히 '말이 헛나온 말 실수'라고 해명했다. 그러나 이는 다문화가족과 이주민을 비하하는 인식을 말의 형태로 그대로 가감 없이 투영한 것이다. 왜냐하면 이 사건으로 이주민연대 협의체, 시민사회, 미디어를 통해서 사퇴하라는 압박을 전면적으로 받은 정시장은 언론 인터뷰 과정에서 다음의 말을 남기면서 또다시 논란을 거듭했다.

"튀기라고 말할 수 없어 그랬다. 튀기가 예쁘지 않냐"

정헌율 시장은 자신이 다문화 감수성이 밑바닥 수준이라는 점을 인정하면서 사과 성명을 냈지만, 익산시장 규탄 대회에서는 이러한 발언이 국제결혼 가정, 그리고 이주배경 아동들을 심하게 모독한 범죄에 해당된다며 분노는 줄어들지 않았다.

시장의 사퇴카드를 타협적으로 수용한 것이 다문화 인권교육을 5회 받고, 익산시의 다문화 친화적 정책을 선도하겠다는 입장으로 일단락이 되었다. 필자는 그렇게 타협안으로 나온 다문화 인권교육의 첫 강연자로 익산을 방문했다. 2021년 현재, 여전히 정헌율 시장은 재임중이다.

이론

통계청이 발표한 '2020 인구주택총조사'에 따르면 우리나라의 다문화 가구는 37만 가구이며, 다문화배경을 가진 가구원은 109만 명을 넘어선다. 국내 인구의 2.1%에 육박하는 이러한 상황에서 기초단체장의 다문화자녀 비하 발언은 충격적이다. 더욱 놀라운 것은 다문화가족의 통합과 연대를 축하하는 행사장에서, '잡종 강세'라는 언어가 가진 파급력조차 인지하지 못했다는 점이다.

이는 단순히 다문화 감수성(multicultural sensitivity)이 낮다는 문제로 귀결될 수 없을 것이다. 다문화 감수성이란 다양한 사회문화적 환경에서 차이와 다양성을 인지하고, 다문화에 대해서 민감성을 가지고, 조화롭게 관계를 맺고, 의사소통하고 실천할 수 있는 지식, 가치, 행동 역량의 총체를 의미한다. 따라서 다문화 감수성이 높은 사람일수록 자신이 가진 관점과 신념의 잣대로 상대방을 일방적으로 평가하지 않는다. 자신이 내뱉은 발언과 인식이 다양한 배경을 가진 당사자, 혹은 제3자가 불편하게 느끼거나 반응하는지에 대해서 민감하게 인식할 수 있는 사람이라고 할 수 있다. 이를 토대로 볼 때 정헌율 시장은 다문화 감수성이 매우 낮은 기초단체장이다. '잡종'이라는 발언을 듣는 다문화가족 구성원들, 이주민들이 어떻게 반응하고 받아들일지에 대해서 전혀 인식하지 못했다는 것은 통탄할 지점이다. 더욱이 정시장이 국민권익위원회 상임위원 출신이라는 점은 더욱 놀랍다.

마르틴 하이데거(1889~1976)는 언어란 외부 세계를 인식하는 통로이며, 인간이 세계를 어떻게 바라보는지를 보여주는 틀이라고 말했다. 그는 "언어는 존재의 집(Die Sprache ist Das haus des seins)"이라고 말하며, 언어를 통해서 인식하는 세계가 인간 존재 자체라고 말했다. 단순한 말실수가 아니라, 다문화배경을 가진 시민 구성원을 동료 시민으로 인식하지 않고, 이주민을 열등한 존재로 인식하는 관점을 투영한 것이다.

기초지자체장은 정치적 위치를 가진다. 사회적 물의를 일으킨 발언으로 정책의 도구와 수단을 가진 시장이 해야 할 일은 무엇일까? 단순히 다문화교육을 받고, 다문화 친화적 도시를 만들겠다는 공약 수준의 대응으로 근본적인 문제를 해결할 수 없다. 바로 지금 다문화가정의 사회적 권익을 높이고, 다문화배경의 아동 및 청소년의 역량을 키워서 그들의 지위를 대등하게 상승시키는 정책적 리더십과 실행이 우선되어야 한다.

●● 실천 전략

파란색 렌즈를 끼고 세상을 보면 사물이 파란색으로 보인다. 우리가 매일 쓰는 단어와 언어는 우리의 인식을 이루는 기초 단위이다. 지금 당장, 매일 매일 우리는 어떤 언어를 구사하는지 비판적 성찰부터 시작해야 한다.

당신이 교육자라면, 더욱더 비판적으로 사유하면서 당신의 언어가 학생들에게, 학부모에게, 동료에게 어떻게 인식되는지를 냉정하게 평가할 필요가 있다.

정책의 변화는 바로 '나'로부터 시작되어야 한다. 모든 사소한 개인적인 것이 곧 정치적인 것이 될 수 있다. 우리의 언어는 곧 우리의 품격이고, 존재 자체의 그릇이다.

혐오 발언에 대처하는 자세

한국은 인종차별금지법이 아직 제정되지 않은 나라이다. 인종차별금지법이 있는 나라에서 '인종차별'은 매우 민감하게 작동되지만, 법적 제도적 장치가 없는 나라에서 인종차별은 희화화되거나 차별을 받더라도 법적 제제를 받을 기준이 없다. 우리나라도 영국, 캐나다, 호주 등 다른 국가와 마찬가지로 인종차별금지법이 시행되어야 할 것이다.

1. 한국은 사회적 제제와 타자의 시선에 민감학 대응하는 나라 중 하나이다. 혐오 발언의 대상자가 본인이든 아니든, 직간접적으로 우리가 속해 있는 사회 공동체에 해악이 된다는 점을, 그리고 그런 언어로 인해서 당신의 품격이 격하된다는 점을 인식하도록 분명한 어조로 지적해주는 것이다. **'요즘 그런 발언은 문제가 됩니다. 설마 그런 인식을 가지고 계신가요?'**
2. 나의 동료, 상사, 친구, 일반 시민이 외국인이나 사회적 약자를 대상으로 혐오발언을 할 경우에는 '넛지(NUDGE)'라는 스킬을 우선적으로 활용할 수 있다. 넛지란 '팔꿈치로 슬쩍 찌르다'라는 뜻을 가지는데 타인의 선택을 유도하는 부드러운 개입을 의미한다. 리차드 탈러와 캐스 선스타인의 저서에서 화두가 된 넛지는 개인의 행동과 선택이 사회에 보다 건설적이고 최선이 되는 결정을 할 수 있도록 유도하고 그런 환경을 설계하도록 하는 것이다. 내 주변에 불편하더라도 바른 소리를 하는 누군가의 존재가 필요하다. 나를 돌아보고 나를 더 발전시킬 수 있는 넛지 전략은 일상에서 우리를 성찰하게 할 수 있다.
3. 연대와 협력을 통해서 혐오 발언을 대응하고 바로잡는 공동의 노력을 기울일 수 있다. 온라인 서명운동, 편지쓰기, 연대성명 등 그러한 사태가 근본적으로 잘못된 것을 교정하고 단체행동을 하면서 변화를 유도할 수 있다.

●● 영향력과 제언

거시적인 틀에서 볼 필요가 있다. 한국은 OECD 국가 중 출산율이 가장 낮은 인구소멸위험 국가이다. 한국의 기초자치단체를 비롯한 중소도시들은 인구 절벽 시대에 위기 상황에 봉착하고 있다. 2019년 기준으로 익산시에는 6,683명의 다문화 가구원이 살고 있다. 저출산 고령화가 가속화되는 지방 중소도시의 거대한 위기를 굳이 언급하지 않더라도, 이미 한국은 다문화사회로 전환되어가는 급속한 변화 앞에 놓여 있다. 다문화배경을 가진 주민, 군민, 시민 모두가 대등한 권리와 의무를 가진 사회 구성원이라는 시각부터 근본적으로 형성되어야 한다.

정시장의 다문화 비하발언에 대한 미봉책으로 제안된 것이 전체 공무원에 대한 5회에 걸친 다문화 인권교육이었다. 필자는 여성가족부와 한국건강가정진흥원의 요청으로 다문화 인권교육의 제1회 강연자로 익산에 가게 되었다. 문제의 발언을 한 정시장을 중심으로 일부 간부를 대상으로 교육하는 것이 아니었다. 강연장에 도착한 필자의 눈앞에는 1,200명의 시청 공무원이 있었고 그들은 무표정한 표정으로 대강당의 자리를 메웠다. 어떤 학자나 전문가도 이렇게 사회적 파문을 일으킨 시장에게 첫 강연을 하는 사람으로 등장하는 것은 쉽지 않다. 언론 보도를 위해서 여러 기자들이 강연장을 매우고 있어서 더욱 그러했다. 시장 1명의 부적절한 언어는 인구 30만 명의 도시가 가진 역사와 존엄성의 얼굴을 삼켜버린 것이다. 단순히 실수나 구설수가 아니라, 이번 계기를 통해서 한국 사회에 광범위하게 존재하는 이주민 차별, 다문화가족 차별에 대한 제도적 장치가 필요하다.

당신은 어떤 언어로 자신의 집을 짓고 있는가? 나의 집이 다른 사람에게 위해를 가하거나, 상처를 준다면 뼈아픈 반성과 재구성이 필요하다.

불편한 다문화,
다문화 용어 폐기론

STORY 2

왜 다문화가 불편하게 느껴질까

"박사님, 다문화용어를 폐기하면 안 되나요? 저는 다문화가 더 분리를 조장한다고 생각하거든요. 왜 교육부나 교육청, 학자들이 자꾸 이 용어를 사용하는지 모르겠습니다."

교육 현장에서 다문화업무를 하거나 학생들을 가르치는 교사들뿐만 아니라, 이주 여성들에게 강의를 하는 자리에서도 다문화 용어에 대한 불편함과 거부감을 접하게 된다. 이주 여성들은 다문화 용어가 차별적이고 불쾌하다고 토로하곤 한다.

"저는 다문화라는 용어가 싫어요. 이 다문화에 미국 사람, 프랑스 사람, 선진국에서 온 사람들을 포함 안 하잖아요. 우리 애들을 다문화가족 자녀라고 부르면서 무시하는 것도 다문화 용어 때문이라서 더 불편해요"

> "다문화지원 정책, 다문화가정 등 '다문화'라는 말이 들어가면 회의적으로 보는 시선이 큽니다. 그런데 다문화라는 용어가 과연 맞을까요. 우리 사회가 결국 다문화인데 그들만을 다문화가족, 아동이라고 칭하는 건 오히려 구분하고 분리하는 것이 아닌가 싶어요. 이 단어를 안 쓰는 제도적 방법은 없나요?"

이렇게 보면 한국 사회에서 정부, 언론, 학계, 시민사회도 '다문화'라는 단어를 쏟아내고 있지만, 정작 미래 세대를 양성하는 교사들도, 그리고 한국 사회에 합법적으로 '받아들여진' 결혼이주민들도 다문화라는 용어를 싫어한다. 정확히 말하자면, 한국에서 정책적으로 창조된 개념인 '다문화'가 함축하고 있는 정치사회학적 맥락의 굴절과 편견을 거부하는 것이라 할 수 있다. 특히 학교 현장에서 다문화는 주로 동남아 배경 이주가정과 그 가정의 자녀로 이미지가 고착되어 있다.

언어는 사회적 맥락에 따라 생성되고, 정의되고, 활용된다. '다문화'라는 용어 자체가 사회적 맥락 속에서 재해석되고 평가되면서 그것의 진의도 여러 사람들에게 회자되면서 우리의 의식을 반영하고 고착화하고 때로는 굴절된다. 지금 교육계에서 불편함과 거부감을 가지는 '다문화' 용어는 어디서 생성되고 출발한 것일까? 한국문화와 다문화의 경계를 구분짓는 것은 단순히 문화적 차이와 정체성의 차이가 아니라, 정치학적 위계와 권력의 헤게모니와 연관성을 가진다.

역설적으로 다문화가족, 다문화학생에 대한 용어는 그동안 국제결혼으로 이루어진 혼혈인과 그 가족의 구성원을 함축하는 용어로 일컬어졌던 '코시안', '온누리' 가족이라는 단어가 차별과 멸시, 비하를 함축하기 때문에 이를 대체하는 용어로 2000년대 중반에 다크호스처럼 사용된 용어이다. 한국민족문화대백과사전에서 다문화 용어의 기원을 설명하고 있는데 이를 살펴보면 다음과 같다.

한국은 단일 민족 국가라는 민족주의, 순혈주의가 다른 국가에 비해 강하여, 다문화가족은 오랜 시간 혼혈 가족, 혼혈아 등으로 불리며 차별받아 오다가, 20세기 말 세계화와 이주화로 인한 외국인 유입 증가, 국제결혼 급증 등으로 다문화가족이 새롭게 조명되고 있다. 한국의 다문화가족은 우리와 다른 민족 또는 다른 문화적 배경을 가진 사람들이 포함된 가족을 총칭하는 용어이다. '다문화가족'이라는 용어는 2003년 30여 개 시민단체로 구성된 건강가정시민연대가 기존의 혼혈아, 국제결혼, 이중문화가족 등 차별적 용어 대신 '다문화가족'으로 대체하자고 권장하면서 널리 사용되기 시작하였다.

출처: 한국민족문화대백과사전(다문화가족(多文化家族))

이론

한국의 '다문화정책'은 결혼이주민의 사회통합을 도모하기 위해서 추진되어 왔다. 그러나 결혼이주민들도 다문화 용어가 가진 편견과 차별을 거부하고 있다. 그렇다면 부정적인 용어로 전락한 다문화 그리고 다문화주의가 가지고 있는 근원점인 문제점과 한계에 대한 비판적인 검토가 필요하다.

첫째, 이론적으로 다문화주의는 문화적 차이와 다양성에 대한 인정뿐만 아니라 정치적, 경제적, 사회적 평등과 재분배에 대한 요구를 포함한다. 프레이저는 다문화주의와 권력의 정치학과 경제적, 사회적

재화의 공정한 재분배 문제를 일개 문화적 차이로 치환하는 탈정치성이 문제라고 지적했다(염운옥, 2019).[1]

둘째, 다문화주의에서 노정하는 문화와 정체성의 본질에 대한 비판이다. 문화는 언제나 변화하고 유동하며 혼종적인 것인데 다문화주의에서는 소수자 집단의 문화를 고정적이고 동질적인 것으로 파악하는 경향이 짙다. 더욱이 소수자 집단 내부에서도 구성원들 간의 개인적 성향, 계급, 젠더, 성별 차이를 망각하고 하나의 문화적 정체성의 컨테이너에 고정적으로 구획하는 것이다. 이러한 고정성은 자민족 중심주의(ethnocentrism)적 관념을 재생산시킬 수 있다.

셋째, 슬라예보 지젝(Slavoj Žižek)의 주장처럼 다문화주의는 자본의 논리에 종속되고, 다문화의 상품화로 소비된다는 것이다. 지젝은 다문화주의를 다국적 자본주의의 문화 논리라고 비판하고, 또 다른 인종주의를 가속화하는 전략화된 도구라고 지적한다. 한국에서 다문화주의는 인종주의, 혹은 변형된 인종주의의 새로운 버전에 다름이 아니라는 비판을 받고 있다. 이러한 비판 속에서 놓치지 않고 투쟁하고 지켜가야 하는 본질은 소수자인 이주민의 권리와 그들의 인권이 중핵이 되어야 한다는 것이다.

실천 전략

단순히 용어의 문제가 아니라, 용어의 정치사회적 맥락에 대한 비판적 이해가 필요하다. 다문화교육, 다문화학생, 다문화 인구 등 다문화가 편견과 소외의 언어이기 때문에 폐기하고, 새로운 용어를 사용함

---

1 염운옥(2019). 낙인 찍힌 몸: 흑인부터 난민까지, 인종화된 몸의 역사. 돌베개.

으로써 불평등을 해소하는 거대한 주춧돌을 놓자는 데는 동의한다. 그러나 용어의 변경이 문제를 근본적으로 해결할 수 없다. 왜냐하면 그 용어 속에서 계층성, 인식, 이미지, 사회적 위상이 복합적으로 투영되어 있기 때문이다. 예를 들어 '장애인'이 우리 사회에서 결핍되고 편견을 가진 용어라서 해서 이 용어를 없애고 다른 용어를 사용하면 장애인에 대한 비장애인들의 차별과 편견적 시각이 교정되는 것일까? 이들을 동등한 시민으로서 인식하지 못하고, 기회의 균등과 재화의 불평등을 가속화시키는 사회구조적인 장벽은 논의하지 않고, 용어만 폐기하고 바꾸면 되는가라는 근본적인 질문에 답할 수 있어야 한다.

'다문화'를 둘러싼 사회적 논쟁과 정치적 담론이 존재하기에 이를 대체하는 용어로 종종 '이주배경'이 등장한다. 그러나 엄밀히 보자면 이주배경(migration background)이라는 용어는 보다 거시적이고 모호한 개념으로서 길고 짧든 간에 초국경 이주 경험(transnational migration experience)을 하는 사람과 인력을 포괄하고 있다는 점에서 논점을 오히려 흐릴 수 있다. 아울러 이미 교육계에 정책적 용어이자, 학술적 개념으로 자리 잡은 '다문화학생', '다문화청소년'의 개념이 상존하고 있는데 이들을 이주배경으로 환치해 버리는 것이, 다문화주의 철학과 논리 속의 복잡다단한 층위와 맞지 않기 때문이다.

따라서 용어에 대한 사회적 합의와 토론의 장을 형성할 수 있는 온라인, 오프라인 형태의 다양한 공청회를 열고 이를 통해서 다문화에 대한 인식과 편견, 갈등과 새로운 희망, 기회를 논의하는 사회적 논의 과정이 필요하다.

교육계에 종사하는 우리 모두에게 묻고 싶다. 당신은 하나의 오롯한 정체성을 가지는가? 다문화는 일상에서 나를 구성하는 실체들과 상관이 없는가? 다문화주의 속에 나는 배제된 것인가? 이러한 근원적 질문은 다문화주의, 다문화정책, 다문화로 대상화되는 존재에 대한 근본적 질문을 불러일으킨다.

교사로서 다문화주의가 불편한 이유에 대해서도 열린 토론, 내밀한 나의 스토리가 경청되고 존중되어야 한다. 오히려 차별과 갈등을 다루는 불편한 콘텐츠(hard contents)가 가지는 무게감이 부담스럽고, 굳이 갈등과 긴장을 부각하거나 다루고 싶지 않은 회의적 태도가 우리의 소통을 가로 막고 있는 것이다. 교사가 가진 문제해결력은 불확실성과 불안정성이 확대되는 다문화시대에 더욱 중요한 스킬이 된다. 교육자로서 다문화를 불편해하는 '나'를 콘텐츠로 넣고 이를 객관화하고 주관화하면서 간주간성(intersubjectivity)을 형성하는 학습의 과정이 필요하다. 사례 중심의 교수법을 활용하여 교사 스스로를 액션리서치(action research)의 주체로 넣는 작업이라 할 수 있다.

영향력과 제언

다문화가 불편한 우리에게 다문화에 대한 인식을 교정하고 수정하는 사회적 학습과정이 필요하다. 교육의 본질은 평온하게 존재하는 현상을 유지하고 순응하고 존속시키는 데 있는 것이 아니라, 작은 지식들이 기존의 사유 체계에 파열음을 내면서 새롭게 인식과 지식, 태도, 기술이 직조되는 창조적 파괴(creative destruction)를 통해서 지평을 넓혀가도록 하는 것이다. 그러한 지평의 확장 속에서 '나'의 신념 체계를 수렴적으로 단단하게 만들어가고 또다시 새로운 긴장과 갈등 속에서 변화와 성장을 도모할 수 있는 것이다.

다문화와 다양성은 우리를 성장시키는 자극이자 경로가 된다. 그래서 OECD를 비롯한 주요 선진국은 다양성을 하나의 자원으로 인식하고, 존중하고 활용하는 다양성 관리 기제를 작동시키는 것이다. 이제는 다양성이 한국 사회와 조직, 공동체의 자산이 될 수 있다는 점을 인식해야 한다. 다문화를 아래로 내려다보는 우리의 민낯을 직시하고 변화할 필요가 있다. 다문화교육은 더 나은 변화를 위한 성장제이다. 따라서 기업은 물론, 학교, 우리의 지역사회에서도 다양성 관리를 체계적으로 효율적으로 시작해야 할 것이다.

다문화를 둘러싼
역차별 논쟁

STORY 3

다문화 역차별에 대한 교사의 반응

"학교에서 아이들을 가르치면서, 다문화 아이들에게 쓰는 수천만 원의 지원비 중 일부라도 사각지대에 놓인 한국인 아이들에게 쓰는 게 나은 거 아닌가라는 생각이 든다. 정작 다문화학생들 뭘 해줘도 고마움도 모르는데 이걸 지원해야 하는가?"

교단에서도 다문화에 대한 역차별 논쟁이 있다. 다문화교육을 실천하는 '깨어 있는' 교사들 역시 역차별 문제를 어떻게 풀어가야 하는지에 대해 고민하고 있다. 교사 스스로 다문화정책의 일방적 지원이 오히려 역차별이라고 생각하거나, 본인은 역차별이라고 생각하지 않지만 종종 주변인들이 다문화학생을 우대하는 것이 한국학생에 대한 역차별이라고 지적하는 경우, 어떤 논리로 대응해야 하는지를 고민하고 있다.

위 교사는 본인 스스로 다문화교육의 철학과 가치에 대해서 수용하지 못한 채 교육 현장에서 아이들을 가르치고 있다고 고백했다. 우선 가장 먼저 짚어야 할 대목은 '지금 다문화배경을 가진 학생이 고마움을 모르는데 지원을 해줘야 하는가?'라는 질문은 매우 주관적이고 감정적인 판단이라 할 수 있다.

다문화학생이 당장 자신들이 받는 지원에 대해서 국가를 향해, 학교를 향해, 선생님을 향해서 머리를 숙여 고마움을 표현해야 되는가? 그렇지 않다. 그것은 다문화배경을 가진 사회구성원으로서 자신의 삶 속에서 중장기적으로 반추되고 인식되는 부분일 것이다. '고마움도 표현하지 않는데 우리가 계속 지원해줘야 하는가'라는 생각의 밑바닥에 우월적 시선이 녹아 있는 것은 아닌지 우리 스스로 반성할 필요가 있다.

모든 인간은 변화의 가능성을 가지고 있으며, 교육자는 세상의 다양한 직업군보다 그 변화의 씨앗이 언젠가는 싹을 틔우고 열매를 맺는다는 믿음을 보여주어야 하는 사람이다.

> "저는 외국인 노동자 가정의 자녀가 많이 재학하는 학교에 근무하고 있어요. 그런데 저희 학교에서는 학생은 물론, 일부 학부모, 교사들도 다문화학생을 위해서 이중언어 교육을 따로 하거나 지원해주는 것에 대해서 역차별이라고 지적해요. 그런 얘기를 들을 때마다 저는 '미래를 위한 투자'라고 모호하게 대답하는데, 더 명확하고 예리한 답변이 있을지 궁금합니다."

OECD의 주요 선진국들이 난민과 이주민을 일정 부분 수용해 온 것이 반드시 인도주의적 접근법(humanitarian approach)으로만 가능했을까? 이민과 난민을 수용해 온 국가들에서도 이주 정책, 다문화정책에 대해서 역차별 논쟁이 있었고 그것은 현재 진행형이다. 그런데 역차별 논쟁 자체보다 중요한 것은 국민국가 내부의 정책적 판단과 대외적 전략 속에서 미래사회에 대한 큰 그림을 디자인하는 것이다.

'미래를 위한 투자'라는 관점에서 다문화정책을 추진하는 것이 아니라, 당장 우리가 살고 있는 현 시대에 당면한 과제라는 절박한 시선을 우리는 놓치고 있는지도 모른다. 저출생-고령화는 하나의 묶음 담론이 되어서 인구절벽의 위기를 가속화하고 있고, 한국 사회는 이미 2000년대 이후 급속한 글로벌화로 인해 대외 교류와 협력이 없이는 존립할 수 없는 경제 생태계를 가지고 있다. 인도주의적 접근뿐만 아니라, 한 사회를 운용하는 실리적이고, 합리적인 정책 설계 속에서 폭넓게 이해되어야 한다.

이론

역차별에 대한 우려, 혹은 역차별을 둘러싼 논쟁은 오히려 건강한 토론과 논의를 가져올 수 있는 기회이다. 2018년 <국민 다문화수용성 조사> 결과에서도 한국사회의 구성원들은 민족주의를 지양하고 다문화사회로 나아가는 것이 번영을 가져온다는 응답이 다수를 차지했다. 이제는 국가주의를 넘어 다양성 관리를 국가와 사회 경영의 이념으로 설정해야 할 시점이다.

정부 차원에서 국민들이 가지는 외국인에 대한 반감, 다문화정책의 역차별을 의식해 2015년부터 법무부를 중심으로 한 움직임이 있었다.

외국인이 낸 돈으로 우리나라 체류 외국인의 사회통합 업무와 인권 보호를 위해 '수익자 부담 원칙'으로 1천억대 기금을 조성하자는 것이었다. 외국인의 입국 전 사증 수수료, 입국 후 체류 허가, 관리 등에는 각종 수수료가 발생하고 이들이 체류하는 동안 내는 범칙금, 과태료를 모아서 외국인 정책의 기금으로 활용하자는 것이다. 실제로 2018년의 경우, 약 1,325억 규모로 외국인이 낸 비용이 모인 상태지만, 아직 구체적으로 기금으로 조성되기에는 법제적 절차가 남아 있는 상황이다. 이처럼 국민 세금이 아니라, 외국인이 한국 정부에 내는 금액을 모아 재원을 마련하고 수익자 부담 이민 정책을 채택한다면 국민 세금으로 무분별하게 외국인 관리 비용을 사용한다는 비판여론에서 조금은 자유롭다는 것이다.

그러나 여전히 이러한 수익자 부담 이민 기금으로 역차별 담론의 기층에 있는 제로섬 게임(zero-sum game)이라는 인식을 해소할 수 없다. 다문화정책에 사용하는 기금을 줄인다고, 그 비용이 그대로 우리 사회의 저소득층을 지원하는 복지 기금으로 투입된다고 생각하는 것은 국가의 복합 다층적인 정책 논리를 매우 단순하게 치부하는 것이다.

우리 사회는 이미 글로벌 경제의 무대 위에 올라와 있다. 한국은 분명히 이주노동자의 기여로 국가 경제는 물론, 농어촌 지역의 노동집약적 사업도 선순환적으로 돌아가고 있다. 외국인의 경제 참여 없이는 고성장을 기대할 수 없다. 외국인 노동자 수용의 역사는 1992년 산업연수생 제도의 도입 이후 어느덧 30여 년이 되었고, 이들로 인한 경제 유발 효과는 2018년 86조 7,000억 원으로 GDP의 약 4% 이상을 차지한다(JTBC, 2019.6.19.).[1] 아울러 사회적으로도 2021년 현재 다문화 가

1 Jtbc(2019.6.19.) [팩트체크] 황교안 "외국인 노동자, 한국 경제에 기여 없다" 발언 검증.

구원이 109만 명을 넘어서고, 초중등학교에 재학중인 다문화학생 수는 16만 명을 넘어서고 있다. 그 추이는 더욱 기하급수적으로 증가하는 상황이다. 이러한 맥락에서 다문화정책, 혹은 다문화배경을 가진 구성원들이 다른 '일반 한국인'에 비해서 더욱 많은 지원과 보상을 받는다고 생각하는 역차별은 한쪽의 이득이 다른 쪽의 손실이라는 단선적인 접근이라 해도 과언이 아니다.

한국 사회는 역동적으로 변화하고 있다. '우리' 민족, '우리' 문화 속에서 변하지 않는 폐쇄적 방향으로 '정통'을 고수해서는 혁신성이 요구되는 미래를 열어갈 수 없다. 국가의 정책은 비전(vision)과 증거(evidence)에 기반하여 현재와 미래를 디자인하는 것이라 할 수 있다. 예컨대 2019년 보건복지부의 국민건강보험 정책도 변화를 맞게 되었다. 보건복지부는 국내 건강보험에 외국인의 가입을 허용하였고 현재 120만이 가입하여, 2018년 말 기준 건강보험에 가입한 외국인과 재외국민은 전체의 1.9%를 차지한다고 설명했다(매일경제, 2019.7.28.).[2] 이것은 체류 외국인이 늘면서 건강보험은 기존의 '국민'들만 가입한다는 통념이 흔들리게 된 것을 보여주며, 국가의 정책도 수요와 공급, 미래를 디자인하면서 달라진다는 것을 반증한다.

이처럼 2000년대 초입부터 본격화된 다문화주의에 대한 논의는 지난 20년 동안 다양한 제도, 정책, 연구 담론, 실천을 통해서 전개되어 왔는데, 우리는 역차별 논쟁의 단선적인 프레임에 빠져있을 수 없다. 정책의 다층적인 근거와 미래 방향 속에서 거시적인 접근이 필요한 시점이다.

---

2 매일경제(2019.7.28.). 건강보험 가입 외국인 100만 명 넘었다. 120만 명 육박 추산.

●● 실천 전략

다문화정책 지원에 대한 역차별 문제를 <프로젝트 수업>으로 활용하는 것이 의미 있다. 프로젝트 수업은 학생들의 참여와 협력의 원리가 가장 중요하다. 크게 1단계 도입, 2단계 전개, 3단계 마무리의 형태로 진행되지만, 가장 중요한 것은 특정 주제에 대해서 프로젝트를 어떻게 구조화할 것인가를 토론하고 협의하는 데 있다. 예컨대, 다문화정책 관련 예산의 규모와 추이를 조사하는 프로젝트를 설계할 수 있다. 실제로 2019년 중앙정부와 지방자치단체가 책정한 다문화정책 관련 예산은 5,000억을 육박한다. 이러한 예산이 어떤 방식으로 활용되었는지 그룹활동으로 분석하고, 이들 예산 중 일부를 일반 사회 복지기금의 조성 및 활용과 비교하는 수업 활동도 의미있다.

또한 정치, 경제, 사회, 문화 전반에서 다문화 '역차별' 논리와 유관성이 있는 정책과 사업, 프로그램 단위를 데이터 기반으로 찾아보고,

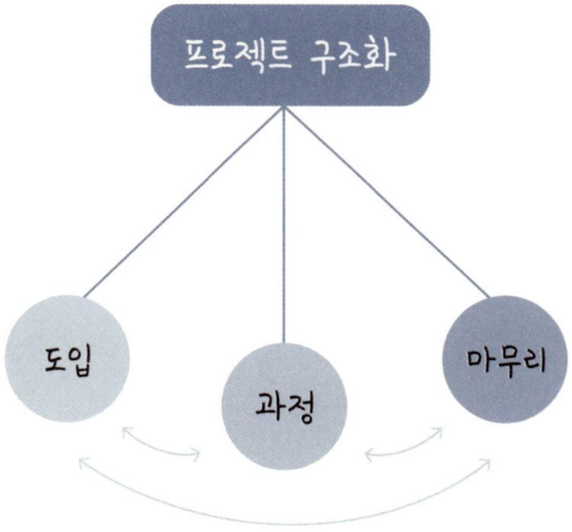

이에 근거하여 논리를 재구성하는 것도 참여형 프로젝트 수업으로서 가치를 가진다. 이를 통해서 정말 다문화정책 예산이나 비용을 줄여서 저소득층, 취약계층을 위한 복지 기금으로 활용될 수 있는지, 전자의 예산을 줄이면 그것이 자동으로 일반 국민에게 할당되는지를 비판적으로 살펴보는 작업이 필요하다. 이 과정에서 학습자들은 그동안 피상적으로 알고 있던 지식과 정보를 협동학습을 통해서 명료하게 파악할 수 있다. 이것이 학습의 과정이다. 그 과정은 순환적 성찰이 수반되어야 한다.

영향력과 제언

다문화정책과 다문화학생 지원에 대한 역차별 논의를 감정적으로 접근하는 것이 아니라, 데이터와 논리를 통해서 분석하고 진단해야 할 시점이다. 역차별 담론 속에서 자선주의적인 우월의식(sense of philanthropic superiority)이 작동하고 있는 것은 아닌지, 냉철한 성찰이 필요하다.

다문화정책이 불편한 당신에게 지금 필요한 것은 무엇일까? OECD 회원국 가운데 가장 급속도로 초고령사회로 향해가는 한국사회에서 다문화와 다양성을 어떻게 관리해야 할 것인가?

지금 우리에게 필요한 것은 가짜 화합과 가짜 공존이 아니다. 다문화사회에 내재한 불편함, 긴장, 갈등, 차별의 문제에 대해서 회피하지 않고 '다문화국가 한국'의 비전에 대해서 사회적 공론의 장에서 한층 더 깊은 숙의를 거쳐야 할 시점이다. 교육세계에서 교사들의 집단지성과 숙의과정에의 참여는 매우 중요하다.

닫힌 교사,
열린 교육의 난제

STORY 4

머리가 굳어버린 교사, 다문화교육 실천 난제

"솔직히 고민입니다. 그동안 민족주의 교육을 받았던 내가 다문화학생들을 어떻게 지도해야 할지… 선량한 차별주의자에서 벗어나기 위한 실천적 방법이 무엇일까요?"

흔히 미래교육의 혁신적 방향을 논의할 때 현재의 교육은 '19세기 교실에서 20세기 교사가 21세기 학생들을 가르친다'라는 자조 섞인 비판을 듣게 된다. 교사는 학생들보다 한 세대를 앞서서 지식과 기술을 연마하고 교육과정을 효율적으로 구성하는 지적인 안내자이다. 그런데 오늘날의 교육자가 4차 산업 혁명과 급속한 정보통신의 발달로 새로운 테크놀로지를 더욱 손쉽게, 기민하게 흡수하는 학생들의 교육적 필요를 얼마나 제대로 충족시킬 수 있는가에 대한 고민을 수반한다.

필자는 전국의 교사들에게 다문화교육 역량과 세계시민성을 강의하면서, 연수에 참여한 교사들로부터 진솔한 고민을 듣게 된다.

> "제가 교단에 선지 어느덧 15년차인데, 저 스스로는 다문화학생이든 일반 학생이든 특별히 차별하지 않았다고 생각했어요. 그런데 어느 순간 제가 다문화 아동에 대해서 편견을 가지고 있더군요. 자꾸 생각이 그쪽으로 편향되는 것은 알고 있는데, 제가 아이들을 균형 있게 인식하고 가르치지 못하고 있어서 제 역할에 한계를 느낍니다."

불확실성과 다양성이 증폭하고 있는 일선 학교에서 다문화배경 학습자를 가르치는 교사들의 고충은 복잡다단하다. 단순히 학생들에게 수업 내용을 잘 전달하는 것에 그치는 것이 아니라, 다양한 요구와 필요를 가진 아이들의 전인적인 성장을 견인해야 하고, 각종 민원과 행정 업무를 동시에 안고 있다.

이론

라틴어 명언에 '경험은 최고의 스승이다(Usus magister est optimus)'라는 명제는 전 세계인에게 받아들여지고 있다. 교육학에서 경험주의는 존 듀이(1859~1952) 교육철학의 중핵을 이루고 있다. 교육은 학습자 경험의 구성 과정이며, 이는 학습자 중심주의(learner centered) 교육담론의 기초를 이룬다. 경험과 학습(배움)은 인간의 인지, 사상, 행동의 변화를 꾀하는 밀접한 상호연계성을 가지고 있기 때문이다. 듀이는 학생이 삶 속에서 가지는 교육적 경험이 곧 교육과정으로 재구성되고 조직되는 것이 중요하다고 말했다.

그런데 현재 한국의 중장년층 교사들이 학교교육 체제에서 성장할 때 '다문화'를 '경험'하지도 않았고 다문화주의의 개념과 가치를 '학습'하지도 않았다. 한국에 살고 있지만 세계의 시민이라는 정체성도 가져 본 적이 없다. 더욱이 일상의 삶 속에서 문화다양성의 배경을 가진 또래 집단과 상호작용하면서 자라지 않았다.

오히려, 오늘날 한국이 다문화사회로 급격하게 전환된 현 시점에서 교사들은 본인 스스로 다문화교육을 체득하거나 내재화하지 못한 채, 변화하는 교육 환경에서 갑자기 다문화교육을 실천해야 하거나, 다문화교육을 시급한 교육, 혹은 필수적인 교사 연수 과정의 일부로 받아들이게 된 것이다. 이러한 과정은 다문화교육이 교육자 스스로에게 타자화된 것이라 할 수 있다. 타자화는 단어 그대로 풀이하자면, 특정 대상이나 사태를 '나'와 분리된 객체로 대상화하여 인식하고, 대상의 이질적인 면을 부각시켜서 구분짓는 것이라 할 수 있다.

그동안 한국사회에서 민족주의 교육, 단일민족 교육을 뼛속 깊이 각인하며 교사로 살아온 교사들이 다문화주의 가치와 신념, 그로 인한 사회체제의 변화를 총체적으로 받아들이는 데는 시간이 걸린다. 그러나 다문화교육 활동이나 다문화교육에 참가한 성인들이 다문화 감수성이 더욱 높다는 연구결과(여성가족부, 2018)[1]처럼, 지속적인 다문화이해 교육은 일선 학교의 다문화교육을 실천하고 운용하는 교육자의 변화와 성장을 견인할 것이다.

교사는 교육의 전문가이자, 동시에 평생학습자(lifelong learner)이다. 평생학습은 인간의 수직적 경험과 수평적 경험을 씨실과 날실로 엮

1 여성가족부(2018). 국민다문화수용성 조사 연구.

으면서 재구성된다. 교사 스스로 배움의 기회를 찾고, 다양성, 이질성, 낯섦의 경계를 만나면서 끊임없이 선관념을 해체하고 재구성하는 과정에 놓인다면 더 깊이 있는 성장을 추구할 수 있을 것이다.

실천 전략

교육자는 삶 속에서 이질적인 존재가 되는 경험을 직접적, 간접적으로 해보는 과정이 필요하다. 필자는 유학 시절에 국경 밖의 외국인이 되면서 '나'라는 정체성이 다시금 재구성되는 경험을 했다. 영국인들은 '나'를 두고, 어느 나라에서 왔으며, 어느 인종이며, 한국이라는 나라의 총체로 나의 정체성을 단면적으로 정리하는 것 같았다. 대영제국의 향수에 여전히 취해있는 일부 할머니/할아버지들은 한국이라는 존재를 모르거나, '나'를 동양의 이름 모를 나라(가난하거나 힘이 없는 국가)에서 온 이방인으로 취급하곤 했다. 자기 나라의 우수한 대학에 학위를 따러 온 작은 동양 여성 정도로 치부하는 경험을 매우 '자주' 하게 되었다. 철저히 이방인의 존재가 된 경험이었다. 영어를 모국어로 하지 않고, 주류 사회의 백인, 특히 남성이 아니라는 이유로 불필요한 편견의 시선을 받기도 했다.

이러한 경험을 내적으로 저항하면서 이방인(stranger), 외국인(foreigner), 타자화(othering)를 더 깊게 연구할 수 있었다. 결국은 국적, 인종, 민족, 성, 계층의 경계를 넘으면서 형성되는 사회학적 묘사가 한 사회에서, 집단에서, 어떤 방식으로 작동하는가를 인식하는 것이 다문화 연구에서도 매우 중요한 화두이다.

예컨대 교육자 스스로 역할극(role play)에 참여하면서 현재 자신의 정체성과 신념, 입장, 국적, 인종, 민족, 성별 지위를 해체하고 새롭게 변환하는 경험을 하는 것은 흥미로운 실천일 것이다. 물론 한두 번의 역할극 참여가 인식 전환을 단번에 도모할 수 없지만, 교육자로서 자신이 직접 경험하거나 내적으로 체화하지 못한 상황에 대해서 다양한 관점을 획득할 수 있는 계기가 될 수 있다. 이질적이고 낯선 사태와 찬반이 첨예하게 드러날 수 있는 논쟁적 사안에 대해서 용기 있게, 담대하게 노출되는 경험은 다문화교육의 실천성을 한 뼘 더 높이는 것이라 할 수 있다.

제도와 정책이 인간의 행동 변화를 견인하는 데 한계가 있다. 근본적인 것은 자기 성찰이다. 예컨대 직장 내 갑질방지법이 개인과 집단의 갑질을 억제하고 줄일 수는 있다. 그런데 갑질이 왜 타인에게 고통을 유발하고 그것의 폐해가 무엇인지 스스로 공감하고 반성하지 않으면 변화의 깊이는 얕다. 이를 볼 때 교육자 스스로 '나도 다문화성을 가지고 있다, 나도 언제든 이방인이 될 수 있고 이질적인 존재가 될 수 있다'는 경계선에 서보는 경험이 중요하다. 교사의 성찰은 그 사람의 교육철학, 교수법, 교육과정 해석 방식에 점진적으로 투영될 것이다.

●● 영향력과 제언

전 세계 모든 사람들이 의무교육을 받는다는 가정하에서, 인간의 생애 발달에서 중요한 영향력을 주는 사람이 누구일까?라는 질문의 답 속에 교사는 늘 존재한다.

오늘날 한국의 다문화주의는 거스를 수 없는 흐름이며 사회구성체의 변화를 가져다주는 새로운 시대적 지류를 형성하고 있다. 교육은 사회 변화와 밀접한 연관성을 가진다. 이제는 판이 바뀌는 것이다. 현재 다문화교육을 실천하거나 다문화 학습자를 지도하는 데 혼란스러운 교사들이 가진 어려움과 고충, 무게감을 이해하고 있다. 오히려 20세기에 태어난 교사가 21세기의 다양한 학생들을 가르치면서 스스로 더욱 배우고 성장하는 주체가 될 수 있을 것이다. 더욱이 우리는 교육자지만, 동시에 학습자로부터 배우고 깨닫게 되는 존재기도 하다.

시리아 난민과 편견

STORY
5

시리아 난민 배경 학생, 당황하는 교사

"저는 조심스러운 표현이지만요, 이런 얘기를 들은 적이 있어요." … (중략) … 시리아에서 온 학생들을 가르쳐보니까 왜 그 나라에서 ISIS가 나왔는지 걔를 보면서 알게 될 정도에요."

2016년 5월 "시리아에서 온 소년 '바라'의 첫 운동회"라는 제목으로 전남 나주의 초등학교를 조명하는 뉴스[1]가 방송되었다. 전교생 200명 가운데 10% 이상이 다문화학생들로 채워진 나주 영강초등학교의 운동회를 통해서, 시리아 내전을 피해서 한국에 정착하게 된 14살

1 연합뉴스(2016.5.2.). 시리아에서 온 소년 '바라'의 첫 초교운동회.

바라 함뮈군이 소개된 것이다. 전남교육청으로부터 다문화예비학교로 지정받은 영강초등학교는 갑작스럽게 한국에 온 시리아 난민 배경을 가진 학생들의 학습권을 보장하고, 이들의 적응을 지원하기 위해서 한국어와 한국 문화 적응을 돕는 특수학급을 신설하였다. 불과 몇 년 전만 해도 국내의 다문화가족의 자녀를 지원하는 다문화 예비학교가 난민 아동을 신속하게 지원하는 대응 양상은 상상하기 힘들었다. 전담 교사와 시리아어가 가능한 이중언어 교사가 배치되어 소수 아동의 학습 지원을 돕는 것은 한국의 지역 방방곡곡도 변화하고 있는 것을 보여주는 지점이다.

이 경우 '따로 또 같이'라는 전략이 들어간다. 난민배경 학습자를 위한 기초 한국어 습득을 지원하는 분리형 수업과 음악, 체육, 미술 등 예체능 과목과 영어 등은 일반 학생들과 같이 배우는 통합형 수업이 진행되는 것이다.

난민은 누가인가? 전쟁, 폭력, 고난을 피해 사선을 넘어 새로운 거주지를 찾아 고국을 불가피하게 떠난 사람이다. 한국은 1991년 유엔아동권리협약에 가입한 국가로서, 난민과 비호신청 지위에 놓인 아동들의 학습권을 의무교육 기간 동안 지원하고 있다.

필자는 작년에 지방 광역시의 중등 교원을 대상으로 특강을 하면서, 교육현장에서 다문화교육과 세계시민교육을 어떤 방식으로 실천할지를 고민하는 선생님들과 깊은 대화를 나눈 적이 있다.

선생님들과 대화에서 "시리아 난민이라고 하면 무엇이 떠오르시나요?"라고 질문을 던졌다. 대부분의 선생님은 "이슬람?, ISIS 테러? 극단주의? 하랄 푸드?" 정도로 답을 하였다.

영강초등학교에서 난민 배경 학생들을 가르치면서 곤욕스러워 했던 동료 교사를 언급하면서 한 선생님은 조심스레 이야기를 건넸다. 시리아 출신 학생들을 가르치면서 통제가 안 되거나 예상치 못한 민원을 받은 선생님의 이야기를 대신 전했다.

> "'시리아에서는 여학생이 남자 선생님한테 배운 적이 없으니 '여자 선생님으로 교체해주세요'라는 요구도 있었다고 들었어요. 이런 경우 학교나 교사 입장에서 정말 황당하고 난감하거든요."

교사 입장에서는 시리아 배경 학습자가 낯설고 익숙하지 않다. 학습자 입장에서는 성별에 상관없는 담임 배정제가 문화적 특수성을 침범하고 배려하지 않는다고 생각한다.

이론

다문화교육이론에서 우리가 지양해야 할 것은 민속지향성(ethnocentrism)이다. 민속지향성이란 한 개인을 인종, 민족(ethno)이라는 정형화된 틀 속에서 일반화하여 평가하고 판단하여 집단 안으로 함몰시키는 인식 편향성이다. 마치 몇해 전 교육부의 다문화지원 교재에서 몽골 학생을 위한 이런 저런 교수법, 베트남 학생에게는 이런 방식이 효과적이라는 식으로 가르치는 것이 대표적인 민속지향성이다.

일례로 2015년 수원의 한 초등학교의 50대 교사는 캐나다 이중국적을 가진 아이가 급식에서 김치를 먹지 않는다는 이유로 "너는 반(半)은 한국인인데 왜 김치를 못 먹니?"라고 한 것도 그러한 배타적인 논리이다. 민속지향성은 국제이해에 대한 얕은 상식과 고정관념으로 무한한 다양성을 가진 개인의 우주를 침범하고 재단할 우려를 가진다.

영강초등학교에서 교사들도 이질적인 배경을 가진 학습자를 만나면서 새롭게 깨지고 부딪히면서 학습의 과정(learning process)을 거친 것이다. 교육자는 이러한 민속지향성의 편리 속에 숨어 있는 위험성에 가장 민감하게 대응하고 중립성을 유지할 필요가 있다. 교육 실천 과정에서 무지와 편견에 맞서야 하는 실천가로 거듭나야 한다.

●● 실천전략

■ 무지를 인정하고 깨지기(de-constuction)

필자는 영국 유학길에 오르기 전에 '우물 안 개구리'로 살았다고 해도 과언이 아니다. 세계사를 좋아하고, 외국 문물에 관심이 많았지만, 보편적인 한국의 초중등과정을 거치면서 미국식 영어를 배웠다. 내가 아는 나라는 소위 OECD 회원국과 아시아의 일부 국가의 이름과 기초적 역사 정도에 그치는 얕은 수준의 세계인식에 갇혀 있었다.

유학 시절에 아프리카에서 온 친구들과 인사를 나누면서 "where are you from?"이라는 기본적인 친교 단계의 전형적인 질문 속에서 그들이 대답하는 출신 국가의 이름조차 모르는 필자 자신이 부끄러웠다. '세상에 이런 나라도 있구나'라고 무지함을 깨면서 더욱 세계지도를 자세하게 바라본 기억들이 난다.

필자가 설령 그 나라의 이름을 알고 익숙하다고 한들, 수백 년간 그 나라 고유의 역사, 민족, 문화, 사상의 광범위성과 다양성을 가늠조차 할 수 없다. 시리아가 이슬람이라서 그 나라를 이슬람에 대한 얕은 지식의 편린으로 재단할 수 없는 것이다.

■ 낯섬에 대한 인정

불확실성의 시대를 사는 교사들이 예측된 상황에서, 예측된 학습자만을 가르칠 수 있는 상황이 아니다. 교육자는 이질성과 다양성을 긍정하고 그것의 조각들을 융합하고 통합하는 새로운 스킬이 요구되는 직종이다. 흔히 전환적 기술(transferable skill)을 넓게 해석할 필요가 있다. A에서 B로 경계를 넘는다는 것은 다양한 맥락의 사태를 인식하고 간극을 넘어서며 적용하고 융합하는 스킬을 포함한다. 익숙하지 않고 낯선 것을 인식하고 직면해서 인정하는 것은 쉽지 않다. 그러나 교육은 훈련과 달리 인식의 변화를 점진적으로 유도하는 과정이라 할 수 있다.

■ 역지사지, 역할극 실험하기

학교급이나 학습자의 연령에 따라 다를 수 있지만 역할극은 상대방의 관점을 취득하고 연극이라는 장면 속에 던져질 수 있는 흥미로운 기제가 될 수 있다. 교사는 역할극을 실시하기 전 다양한 이해관계를 가진 집단의 주장과 논리를 사전에 설명한다. 다문화이슈와 난민 수용 등 민감한 소재에 대해 찬반양론이 충분히 있을 수 있다는 점을 양지시킨다. 자유롭고 편안한 분위기에서 역할극 시나리오를 작성할 수 있도록 독려한다.

예를 들어, 난민의 입장 되어보기, 난민을 수용하고 의사결정을 해야 하는 혹은 군청의 고위직 공무원 입장 되어보기, 난민 심사관 되어보기 등 다양한 상황이 설정될 수 있다. 교사는 이를 관장하고 조정하고 토론의 무대를 구성하는 PD 역할을 할 수 있다.

■ 모듬활동, 다양성이 공기처럼 스며든 교실

다문화교육에서 정통적으로 활용하는 교수법은 학생들이 가진 '다양성의 자원'을 활용하는 것이다.[2] Campbell의 이론(2015)에서는 교실이 학습자의 다양한 민족적, 인종적, 언어적 배경을 활용하고 교수-학습 자원에 이를 적극적으로 활용할 것을 권유한다. 다양한 배경을 가진 학습자들이 동질적인 교육환경에서 억압되거나 숨죽여지는 존재가 아니라 그들의 목소리(let them speak)가 자연스럽게 나올 수 있도록 열린 수업 환경을 조성하는 것이 중요하다.

●● 영향력과 제언

한국에 들어온 외국 출신 거주민의 출신 국가는 117개를 넘어선다. 이들의 슈퍼 다양성(super diversity)이 모두 교실 속에서 적용되거나 활용될 수는 없다. 그러나 미래 세대의 주역이 될 우리의 아동과 청소년들은 이제 이러한 슈퍼 다양성이 새로운 표준이 되는 시대를 살아가게 된다. 다양성의 존중이 학습자에 미치는 영향은 크다.

교실은 하나의 작은 사회이다. 교실의 분위기가 다양성을 적대시할 것인가? 무시할 것인가? 환대할 것인가는 한국 사회를 비추는 작은 거울이 될 것이다.

---

2 Campbell, Emma (2015). "The end of ethnic nationalism? Changing conceptions of national identity and belonging among young Koreans", Nations & Nationalism, 21 (3): 483-502, *Journal of Culture Technology Research Institute*, 17, 7-37.

다문화학생을 지도하는 교사를 위한 가이드라인

1. 교사는 학생에 대한 이해부터 면밀히 시도한다. 다문화배경 학생이라고 할지라도 출생지, (어머니 혹은 아버지) 이주배경, 경제적 상황, 가정 문화에 따라 서로 이질적으로 다양하다는 전제를 파악해야 한다.
2. 학부모와 면대면, 비대면 소통을 자주 하려고 노력한다. 부모와의 대화를 통해서 학생의 특성, 가정에서 학습 활동 등 여러 정황을 파악하도록 한다.
3. 학내에서 '다문화'가 낙인이 되는 것이 아니라, 다양성의 자원을 가진 학습자라는 인식을 심어줄 수 있는 문화를 형성한다. 다문화학생만 분리라는 동아리 활동, 이벤트식 행사가 아니라, 모든 학생들이 서로 어울릴 수 있는 친교의 시간을 가지도록 환경을 조성한다.
4. 지역사회에서 다문화관련 협의체나 단체, 전문가 그룹이 있는지를 살펴본다. 영국, 호주, 캐나다는 다문화학생(인종적 소수자, ethnic minority)을 학교 내부의 인프라와 지역사회의 외부 자원을 연결하여, 다문화배경 학습자의 교육과 생활, 지역에서의 삶을 통합적으로 지원하는 시스템을 갖추고 있다. 필요한 경우 관할 교육청의 적극적인 행정 지원과 컨설팅을 요청할 수 있다.
5. 교사 본인의 편견과 무지를 깨트리고 열린 자세를 유지할 필요가 있다. 교사는 훈련가가 아니다. 교사는 학습자의 지속적인 변화와 성장을 인격적으로 지원하는 교육자이다. 교사 스스로가 고답적인 태도로 자신의 틀 속에서 다문화배경 학습자를 인식할 경우, 진정한 의미의 열린 교육은 불가능하다.

소외지대의 언어,
다문화

STORY 6

다문화를 지우고 싶다. 소외감에 놓인 교사

"특이한 현상이지만 저를 포함해서 많은 선생님들은 전근을 하게 되면 자신이 다문화교육을 담당했다는 것을 일부러 말을 안 해요. 또 시킬까봐서요. 그런데 세계시민교육 관련 업무를 담당했거나 선도 교사라면 좋은 경력이니까 남겨요."

강연을 하거나 자문을 하면서 일부 교육자들의 편협한 인식에 다소 우려스러운 지점을 감지하게 된다. '다문화교육과 세계시민교육이 결국 비슷비슷한 교육 아닌가'라고 하면서 마치 모든 것을 섭렵해서 통달적 지식을 얻은 듯이 말하는 경우가 그러하다. 오히려 "다문화교육과 세계시민교육이 무슨 차이가 있나요?"라는 질문이 더욱 깊이 있는 고민을 수반한 질문이라 할 수 있다.

교육학은 사회과학 영역의 학문이며 교육이라는

실체 위에서 성립된다. 교육학 속에서는 교육철학, 교육심리, 교육사회학, 교육행정, 교육공학, 평생교육학 등 여러 지류의 세부 학문들로 다시 나누어진다. 이는 모학문이 어디서 왔는가에 따라서 학문적 언어와 방법론이 조금씩 달라진다. 어떠한 교육영역의 차이와 공통점을 이해하기 위해서는 원류와 뿌리가 어디서 왔는가를 파악하는 것이 가장 기본이 되어야 한다.

이론

다문화교육과 세계시민교육은 뿌리와 역사가 동일하지 않다(김진희, 2019).[1] 다문화교육은 1960년대 미국의 흑인 시민권 운동에서 뿌리를 찾고 있다. 여기서 시민성(citizenship)이 가지는 포용과 배제의 정치학이 내재되어 있다. 이를 기반으로 다문화교육은 인종, 민족, 종족, 언어의 차별을 타파하고 다양성이 존중받도록 교육하며, 비판적 인종이론(critical race theory), 하위체 이론(subaltern studies) 등과 결합하면서 다문화이론의 다양한 분파가 형성되었다. 한편 세계시민교육은 코스모폴리탄 담론, 세계시민성에 대한 교육적 탐색과 실천에 방점을 두고 있다. 세계시민성은 그리스의 스토아 학파에서 말한 논의로 거슬러 올라가고, 18세기 칸트의 영구평화론에서 기원하는 만큼 그 역사성이 다문화교육과 상이하다. 국민국가 내부의 계층, 차이, 다양성을 분석하고 보장하는 다문화교육과 달리, 세계시민교육은 초국적 시민주의, 탈국가적 시민연대와 참여에 초점을 두고 있다.

이렇듯 다문화교육과 세계시민교육이 같이 한통속으로 뭉쳐질 수

1 김진희(2019). 다문화교육과 세계시민교육 이론과 쟁점. 박영스토리.

없는 교육이라는 점을 볼 때, 현재 학교 현장에서도 두 개의 교육이 작동되는 방식이나 인식이 상이하다는 것도 이해할 수 있는 지점이다. 그런데 현장의 교사들은 혼란스럽다.

사실 다문화교육은 '나'라는 주체가 배제된 교육이 아니다. 필자는 다문화에 대한 철학적 접근, 사회학적 접근, 정치학적 접근, 법학적 접근 등 다양한 논의를 다루는 유럽의 국제학술 세미나에 참여하면서 다중정체성에 대해 깨닫게 되었다. 거의 대부분의 학자들이 자신의 정체성을 대화 속에서 설명하거나 간주간성(intersubjectivity)으로 해석하는 경우를 흔히 보았다. "나의 부모는 아일랜드계 러시아, 보스니아, 알비니아계 기타 등등"이라고 자신을 소개하며 이미 여러 학문 분야를 공부하는 연구자들은 자신의 뿌리가 가진 다양성을 언급하고 설명하는 경우가 다수였다. 오히려 그러한 상황에서 필자는 'Well, I am a Korean'이라고 얼버무리는 것이 오히려 머쓱한 상황이 되기도 했다. 다양성이 기념(celebrate)되고 진가로 인정(appreciate)되는 분위기 속에서, 어떠한 다양성의 자산도 가지지 않는 자신이 오히려 뭔가 결핍이 되는 듯한 묘한 감정을 느끼기도 했다.

우리나라의 다문화교육은 다문화가정의 학생과 학부모를 대상화하고, 교육자들은 항상 그 속에서 '생략'되는 경향이 있다. 수학, 과학 등 인지교육과 달리 비인지교육으로서 다문화교육의 철학과 주요 내용 속에서는 매우 다층적인 '나'의 해석과 시각이 녹아있어야 한다. 현재 교사들이 다문화교육을 부담스러워하는 것은 그 교육 행위를 실천하면서 본인의 경험과 인식이 배제되고 분리되었기 때문일 것이다.

현재의 학교교육 체제에서 다문화교육을 담당하는 교사들이 왜 다문화사업을 기피하고 부담스러워하는지를 파악하는 것이 필요하다. 이들의 부담을 경감시키는 제도적 지원과 보완책이 마련되어야 한다. 영국의 경우 다문화교육, 다문화학생이라는 용어를 사용하지 않고, ethnic minority라고 인종적 소수자를 개념화하고 지칭한다. 이 학생들을 지도하는 것은 전문성이 필요하고 추가의 노동력도 필요하다. 그래서 영국은 ethnic minority worker를 채용하고 이들이 다문화교육 현장의 윤활유 역할을 하도록 제도를 마련하고 있다. 이처럼 다문화사업 담당 교사에게 요구도를 분석하고 이들을 위한 지원책을 마련해 줄 필요가 있다.

다문화사업 혹은 프로그램을 담당하는 교사들이 변두리에서 묵묵히 사업을 수행하도록 요구하는 것이 아니라, '다문화'를 중심에 둔 친화적인 학교 문화를 형성하도록 해야 한다. 그리고 그것은 교육자의 내재적 동기와 가치 부여를 키울 수 있을 만큼 포용적이어야 한다.

단순히 학교장의 리더십이 아니라, 학교의 구성원 모두가 변화에 동참해야 한다. 바로 여기서 '나'가 투영된, 나의 성찰과 행동 변화를 이끌어 내는 것이 우리 모두의 과제이다.

실천 전략

대부분의 사람은 중심부에 있기를 원한다. 그런데 변두리에 있는 것을 선호하는 사람도 있다. 중요한 것은 선택에 의한 것이 아니라, 외재적 조건이나 영향으로 인해서 변두리에 있는 것은 우리에게 '소외'라는 감정을 준다. 다문화사업을 수행하는 교육자가 비자발적으로 변방의 존재가 되지 않도록, 제도적 지원과 정서적 공감이 필요하다.

교사는 수평적인 집단이다. 그 속에서 동료와의 보이는, 보이지 않는 상호작용은 매우 중요하다. 수평조직에서 동료의 변화를 이끌 수 있는 것은 평가나 감시 체제가 아니라, 감화이다. 교사들이 교육 현장에서 다문화 감수성을 주고받을 수 있는 것이 중요하다. 이것이 곧 공기 같은 문화이자 환경이 되는 것이며, 이를 위해 조금씩 실천해 나가야 할 것이다.

제도적 지원 속에서 중추적으로 교육자 스스로 힘을 가지는 임파워먼트(empowerment)가 필요하다. 임파워먼트는 '주다'라는 의미를 가진 'em'과 권력이란 의미의 'power'가 결합된 용어로서 조직 구성원에게 업무 수행의 필요한 책임과 재량권, 자원에 대한 운용과 통제력을 배분하거나 공유하는 것을 의미한다. 이러한 시각에서 교사들이 다문화교육에 대해서 가지는 부담과 스트레스, 비(非)전문성에 대한 두려움, 피하고 싶은 업무로 인식될 경우, 학교 조직 속에서 자율적이고 주체적으로 업무 성과를 낼 수 있도록 조력해야 한다. 임파워먼트를 누군가로부터 '권한부여'가 아니라, 자기 스스로 역량을 키우는 것을 의미하는 셀프 임파워먼트(self-empowerment)가 수평적인 교사 조직에게는 더욱 필요할 것이다. 외부로부터 오는 혁신은 피로감을 키우기 쉽다. 그러나 우리 자신의 내부로부터 오는 혁신은 점진적이지만, 지속가능한 변화를 불러일으킬 수 있을 것이다.

영향력과 제언

아프가니스탄 난민 출신의 소녀가 캐나다에 정착하면서 약 20년이 흘러서 내각의 장관이 되었다. 2015년 캐나다의 트뤼도 총리는 새 내각 구성을 "캐나다를 닮은 내각"이라고 설명하면서 다문화사회를 지향하는 캐나다의 모습을 구현한 내각이라고 덧붙였다. 여기서 민주개혁장관에 임명된 메리엄 몬세프(30)가 그 주인공이다. 10대에 전쟁터가 된 고향을 떠나 낯선 캐나다에 정착한 그 소녀를 장관의 자리로 이끈 것은 무엇이었을까?

그 힘은 교육에 있다. 그녀의 성격, 자기 비전, 가정의 양육 환경 등이 크고 작은 영향을 주었겠지만, 다양성의 가치를 존중하는 캐나다의 열린 교육 체제 속에서 성장하였기 때문에 가능했을 것이다. 여기서 말하는 열린 교육은 단순히 체제나 제도를 의미하는 것이 아니다. 차이와 다양성을 이해하고 누구나 자유롭게 질문을 제기하고, 관점이 다른 타인들과 합리적으로 의사소통할 수 있는 교육적 분위기를 의미한다.

한국처럼 다문화배경이 부담이 되거나 모종의 '결핍'이 되는 교육이 아니라, 다양성과 민주주의 관계, 다양성의 자원을 긍정적으로 활용할 수 있는 교육적 지원이 있다는 것을 추론할 수 있다. 무조건 난민을 받아들이고 인도주의적으로 수용하는 것을 넘어서, 생명과 안전을 위해서 불가피하게 국경을 넘을 수밖에 없는 난민의 존재를 다층적으로 이해하고, 국제 난민이 발생하는 구조와 갈등을 비판적으로 이해하는 사고력을 키워주는 교육이 캐나다 사회에 있었다. 그 속에서 난민 소녀는 '나'의 인종적, 문화적 배경이 주류 사회의 구성원들과 다르더라도, 캐나다에서 성공할 수 있다는 모종의 믿음이 있었을 것이다.

정책이 아니라, 실제 교육의 장면에서 이 교육은 누가 이끄는가? 바로 교육자, 선생님의 존재가 있었기 때문에 가능했을 것이다.

교육은 한 번의 찬란한 개혁으로 완성되지 않는다. 매우 지속적이고, 점진적이며, 중장기적으로 이루어져야 한다. 점점 물들여가면서 변화가 도모되는 것이다. 우리는 지금 우직하게 씨앗을 뿌리고 있다.

다문화사회에서 교사의 역할은 다문화배경을 가진 학생의 생애 궤적에 영향을 미치는 것에 그치지 않고, 우리 사회의 합중주를 이끌 수 있는 인식을 변화시키는 것이다. 이렇게 교사는 공동체의 변화에 가장 큰 영향을 주는 존재라 할 수 있을 것이다.

낙인, 소외, 타자화

STORY 7

낙인과 소외의 기억을 가진 다문화청년

“국내 출생 다문화청년이든 중도입국 청소년이든 이들이 겪는 어려움을 학교나 사회시스템에서 감당하지 못하는 사례를 봅니다. 정책의 방향과 개선책이 무엇인가요?”

한국사회에서 다문화청년은 누구인가? 2006년부터 다문화관련 입법으로 국가적 디자인을 새롭게 시작한 한국 정부는 그동안 다문화가족과 그 구성원으로서 결혼이주민, 자녀에 대한 지원을 증폭해 왔다. 그러나 유년기와 청소년기를 지나서 성인이 된 다문화배경 청년에 대해서는 우리는 알지 못한다. 이제 막 20대 청년기로 본격적으로 접어든 다문화배경 청년들은 어떤 모습으로 살아갈까? ‘우리나라의 다문화 2세들은 어디로 갔는가?’라는 문제의식으로 필자는 2020년 코로나가 창궐

한 시기에, 한국교육개발원의 동료 연구자들과 함께 조심스럽게 전국을 다니면서 다문화배경 청년에 대한 연구를 수행했다. 지역 현장에서 만난 청년들의 목소리는 생생했고, 정책을 연구하고 자문하는 연구자로서 마음을 저리게 했다.

베트남에서 이주한 어머니 밑에서 성장한 A청년은 한국에서 태어났다. 한국인이지만 언제나 이방인을 향한 시선 속에 노출되면서 정체성에 혼란을 가지며 자신을 검증해왔다. 이제 그는 26살이 되었다. 그의 성장기가 어땠는지 조심스럽게 물었다. 잠시 머뭇거리며 차를 한 모금 마시던 청년은 머리를 쓸어올리면서 허탈해하듯이 말했다.

> "제가 초등학교 3학년 때 담임선생님이 늘 아이들에게 자리에서 일어나서 책 읽기를 시키셨어요. 그 시간이 정말 죽도록 싫었거든요. 혹시 시킬까봐 여느 날처럼 고개를 푹 숙인 저를 선생님이 지목하셨어요. 갑자기 지목받으니 떨리기도 하고, 그런 읽기 연습을 집에서 한 적도 없었거든요. 제가 진짜 … 떠듬떠듬 읽었어요. 얼굴도 빨개지고 목소리가 기어들어가니까. 그랬더니, 친구들이 막 놀리기 시작했는데요. 피식 피식, 바보냐? 한글도 못 읽네 … 낄낄"

그랬더니 갑자기 선생님이 이렇게 말하셨어요.

> "얘들아, 너네 왜 지금 웃는 거야? A는 다문화잖아. 하하하"

선생님이 정확히 '하하하'라고 웃었는지, 입을 가리고 호호호 웃었는지 그는 기억이 선명하지 않다고 했다. 다만 그 순간 멸시와 모멸감에 쥐구멍으로 숨고 싶을 만큼 괴로웠던 시간을 초등학교 시절의 거의 전부로 회고했다. 그러나 이제 20대 중반이 된 A에게는 여전히 강하게 각인되는 사건으로 남아 있다. 그는 다음과 같이 말했다.

> "가장 슬픈 것은 그렇게 저를 깔보던 친구들, 측은한 눈으로 얕잡아 본 선생님의 세계 속에 제가 여전히 갇혀 있다는 거예요. 어릴 때부터 저를 다문화라는 이유로 학교에서, 버스에서, 시장에서 비하하던 시선 속에 아직도 갇혀서 그걸 극복하지 못한 것 같아요. 10년이 지났는데도…"

법과 제도, 정책은 우리의 삶에 굵직한 영향을 미친다. 그러나 미시적인 일상생활에서 우리의 의식과 감정에 직접적인 영향을 미치는 것은 사람들의 언어와 행위가 복합된 문화적 분위기이다. 다문화정책이 입법화되고 제도화되면서 각종 지원 사업이 전개되었다.

제도와 정책으로는 흠 잡을 수 없지만 누군가는 평범한 일상에서도 다문화배경이라는 이유로 차별받는 시선 속에 오롯이 노출되어 있다. 상처받은 개인은 냉대와 소외 속에서 그 경험을 마음속에서 쌓고 있다. 누군가는 성공적으로 극복하지만, 대다수는 모종의 트라우마를 품고 살아간다. 자라나는 아이들의 문제는 한 사람의 인생에서 전생애적인 영향을 미칠 수 있는 파문을 불러일으키기도 한다. 그래서 더욱 세밀하게 관심을 기울여야 한다.

●● 이론

누구도 피부색, 인종, 국적, 성별, 계층 배경으로 차별받지 않아야 한다. 이러한 명제에 대한 근거가 무엇인가? 인간이 태어나면서부터 자연히 존재하는 언제 어디서나 보편적이고 불변한 권리이자, 유엔 총회에서 1948년 12월 10일 채택된 세계인권선언(Universal Declaration of Human Rights, UDHR)은 이를 뒷받침한다. 유엔은 제55조에서 '인종, 성별, 언어 또는 종교에 관한 차별이 없는 모든 사람을 위한 인권 및 기본적 자유의 보편적 존중과 준수'를 선언하고 있다.

우리는 인권의 가치를 머리로는 인정하지만, 나의 행동이 누군가의 인권을 침해한다는 실천적 행위에 대해서는 스스로 너무 관대했던 것은 아닐까. 한국에서 태어나고 자란 다문화배경 청년은 역설적으로 이주민에 대한 지원과 포용적 다문화주의를 천명한 정부의 정책 속에서도 차별과 냉대를 받으면서 성장했다. 현장에서 만난 다문화 청년들은 대부분 매 순간, 지식을 키우고, 힘을 키워서, '혼혈' 배경을 가진 자신을 비웃던 시선들을 극복하고 싶었다고 말했다. 그러나 여전히 스스로 그 세계에 머물러 자기 삶의 힘을 키우지 못하는 것 같다고 자조하기도 했다.

앞서 A청년의 사례에서 가장 가슴 아픈 대목은 교사의 태도이다. 해당 교사는 A가 다문화 배경이라서 한글을 제대로 읽지 못하고 더듬거리며 말할 때 "다문화잖아"라는 단어로 낙인을 찍는 행위를 한 것이다. 여기서 낙인 이론이 환기된다. 낙인이론은 1960년대 시카고학파에서 일탈 행동이 개인의 내적 특성이나 성향 때문이 아니라, 주위의 시선과 상호작용으로 형성된다는 사회문화적 요인을 지적한다. 사회적 문제 인물로 낙인이 찍히면 그 칭호가 사회적 문제행동을 정당화하는 순환적 과정으로 이어진다고 본다. 교사가 오히려 다문화배경 학생의 성장 가능성과 자기혁신의 잠재력을 믿고 격려하는 존재가 아니라, 다문화라는 칭호로 낙인을 찍어서 성장의 가능성을 억압한 것이다.

여기서 낙인은 타자화라는 대상화와 맞물려 강화된다. 누군가를 타자화하는 것을 이론적으로 잘 보여준 미셸 푸코의 논의를 빌려서, 한국 사회에서 다문화배경을 가진 아동, 청소년, 청년들이 어떤 맥락에서 타자화되었는지를 살펴볼 수 있다.

> "'다문화', '다문화주의'라는 언설 속에 공통된 인식론적 준거망 중의 하나는 '타자화(othering)'라고 할 수 있다. 미셸 푸코(Michel Foucault)는 인간은 자신들과 대비하여 다른 집단을 정의 내린다고 주장하며, 이 과정을 타자화 과정이라고 설명했다. 다문화 맥락에서 이주민들은 열등하고, 비정상적이고, 정주민인 '우리'와 다르고, 이상하다고 간주하는 '타인'로 인식된다. 이를 통해 정주민들은 스스로의 정체감을 강화하는 경향이 높은 것이다. 타자화의 틀에서, 경제적으로 빈곤한 개발도상국에서 온 이주민들은 속박되면서 소외의 경계선에 갇히게 된다. 한국의 경우는 특히 그동안 굳건하게 자리 잡아 온 단일민족주의 관념은 '타자화'를 통해서 우리 사회에서 살고 있는 다양한 인종적·문화적 소수자들에게 끊임없이 소외와 차별을 재생산하고 있다. 이들은 단일민족 관념, 일문화중심주의에 익숙한 한국 사회에서 '우리'라는 테두리에 의해서 지속적으로 대상화(對象化)되고 물화(物化)되면서, 문화다양성을 담지한 주체라기보다는 타자화되는 대상으로서 규정된 것이다(김진희, 2014: 122)"[1]

1 김진희(2014). 다문화주의를 둘러싼 국제 갈등 이슈와 다문화교육의 방향 성찰, 다문화교육연구, 7(1), 101-129.

교사는 교실 내에서 다양성을 가진 학습자의 존재를 온전히 인정하고, 오히려 긍정하면서 다양성을 관리하는 촉진자가 되어야 한다. 이는 단순히 마음이 선량한 교사를 데려다 놓는다고 해결되는 것이 아니다. 지식과 기술과 태도, 마인드를 포함하는 다문화 역량이 필요한 것이다. 역량은 저절로 형성되는 것이 아니라, 학습과 실천, 성찰을 통해서 끊임없이 연마되는 것이다.

아이들은 똑똑하다. 교사가 교실 내의 약자를 대하는 눈빛, 태도, 시선, 기대치를 모두 예리하게 파악한다. 교실의 지휘자인 교사가 보여주는 사회적 시선을 학습해서 학생들도 자기 나름의 가치관을 형성하고 동급생을 대하게 된다.

실천 전략

누구나 약자가 될 수 있고, 누구나 이방인이 될 수 있다. 교실 내에서 이러한 명제를 머릿속으로 아는 것에 그치지 않고, 학생들이 이를 경험할 수 있는 역할극을 시도해 보는 것은 유의미하다. 상황을 각양각색으로 디자인할 수 있다. 평소 학생들이 거부감을 가지는 대상을 써보고, 오히려 그 대상이 스스로 되어보는 역할을 하거나, 이를 객관화하는 경험을 가져보도록 한다.

역할극을 수행하기 위해서는 교사의 가이드라인이 필요하며, 학생들이 수행하는 기초 조사가 필요하다. 자신이 가진 얕은 지식으로 쉽게 타인이 되어보는 것은 한계가 있다. 예를 들어 '국제사회와 난민' 문제를 다룰 때, 노예무역의 역사와 아프리카의 자원 개발, 난민이 발생하는 대륙 문제를 다룬 책이나 뉴스를 조사해보도록 한다. 이를 바탕으로 시나리오 작업을 통해서 상황을 구성하고 역할극을 수행할 수 있다. 역할극을 통해서 통념의 경계선, 편견의 시선을 가로지를 수 있다면 교육의 효과가 시작된 것이라 할 수 있다. 한 번 참여한 역할극으로 결코 견고한 믿음과 관점이 바뀔 수 없다. 조금씩 시도해 보는 것이 중요하다.

우리는 가소성이 높은 학습자와 함께 변화할 수 있다는 점을 잊지 않아야 한다. 다문화라는 존재를 비웃었던 아이, 차별하는 아이, 방관하는 아이, 모두를 교실의 공통 관심사 속에 묶어서 '우리 모두의 이슈'라는 점을 수업으로 이끌어가는 공동의 노력이 필요하다. 이 과정에서 아이들은 생각과 행동의 탄력성을 키울 수 있을 것이다.

상황별로 교사의 언어와 행동을 성찰하기

일상에서 우리 개인은 주로 어떤 언어를 사용하는가? 내가 무심코 표현한 말 속에서, 내가 가진 고정관념으로 인해서 누군가를 차별하거나 폄하한 적이 없는가?

yes, 어떤 경우인가?

담임을 맡은 반 안에서 다문화학생이 있을 경우, 교사인 당신이 학업, 진로상담 등 학생지도에서 특별히 더 신경 써야 한다고 생각하는가?

yes, 어떻게 지도할 것인가?

교사인 당신이 직접 다문화배경 학생을 가르치거나, 간접적으로 학내외에서 다문화학생의 학업문제, 가정환경, 심리문제에 대한 정보나 이야기를 듣게 된다. 일반 학생들과 비슷한 어려움이지만, 다문화 배경으로 인해서 불리한 조건에 놓인 학생들을 위해서 학교 차원에서, 교사 개인 차원에서 어떻게 대응하는 것이 좋다고 생각하는가?

나의 동료들이 다문화배경 학생들을 가르치거나 대하는 모습에서 어떤 것이 개선되어야 한다고 생각하는가?

다문화교육의 실천과 전개에서 내가 생각하는 이상적인 교사는 어떤 모습인가?

- 지식 측면

- 태도 측면

- 기술 측면

●● 영향력과 제언

우리 사회의 양극화 지표는 점차 벌어지고 있다. 교육 분야의 공정한 사다리가 무너진다는 각종 지표는 다시금 우리가 무엇을 재생산하고 있는지는 묻게 한다. 보울즈와 긴티스는 다음의 말을 남겼다.

> 계급관계의 역동성을 이해하는 것이 경제와 교육과의 관련을 적절하게 평가하는 데 있어 본질적이라고 본다. 교육제도는 이러한 계급관계의 재생산과 변화에 포함된 것으로 총체적인 사회적 영향을 얻기 위해 각 개인들에 미친 학교교육의 효과를 단지 '합산'함으로써 이해할 수 없다(보울즈 & 진티스, 1986: 82).[2]

학교세계에서, 사회에서 다문화배경을 가진 학습자를 하나의 계급성을 분리하고 낙인찍는 모든 행위는 중단되어야 한다. 현재 우리의 교육이 다문화배경을 가진 학습자를 이등 시민으로 길러내고, 이들을 저임금단순 노동자로 길러내는 계급 재생산 구조를 타파하기 위해서 더욱 혁신적인 적극적 조치(affirmative action)가 필요한 시점이다.

---

2 보울즈 & 진티스(1986). 자본주의와 학교교육, 이규환 역, 사계절.

다문화학생의 미래를 막는 억압적 시선

STORY 8

다문화에 대한 편견과 이질감 해소

"교사로서 다문화학생에 대한 편견을 안 가지려고 노력하지만, 잘 되지 않습니다. 이질감을 해소시키기 위한 방법이 있을까요?"

대부분의 교사들은 생김새도, 배경도 다른 다문화 배경 학생들을 어떻게 대해야 하는지에 대해서 막연한 낯섦과 어려움이 있다고 말한다. 다 같은 학생이란 점은 머리로는 알고 있지만, 교사 본인이 수업지도나 진로지도, 생활지도에서 민감하게 반응하는 것인지 혹은 다문화학생의 특별한 요구가 있는데 그걸 자신이 놓치고 있는지 고민이다.

이러한 고민의 근저에는 무엇이 자리하고 있을까? 그동안 '전통적인' 한국인의 외모를 한, 한국인 부모에게

서 태어나고, 한국어를 모국어로 하는 학생을 '표준적인 학생'이라고 생각했다. 그런데 국가 수준의 다문화정책의 도입으로 인해서 교실 속에서도 낯설고 이질적인 존재가 점차 늘어나는 변화를 직면하게 된다. 이러한 변화와 균열이 아직도 익숙하지 않기 때문에 교사들은— 의도하든, 의도하지 않았든 간에— 보이지 않는 경계 짓기를 하고 있다.

알지 못하는 존재(the unknown)에 대해서 두려움을 가지거나, 타자화하면서 경계를 구분 짓고, 선입견 속에서 편견을 고착화해 온 인간의 무수한 역사를 우리는 알고 있다. 지구촌에서 살아가는 우리 모든 개인은 외모, 생각, 말투, 세계관, 행동 등 모두 다르다. 평균 지향적인 사고방식은 다문화 배경으로 잉태된 다양성과 이질성을 더욱 낯설게 인식하도록 부추긴다.

우리가 살아가는 지역 삶터에서 다양한 외국 출신 거주민을 다루고 있는 KBS의 <이웃집 찰스> 프로그램이 있다. 2021년 4월에 기획된 방송으로서 다문화 2세 특집이 방영되었다. 다문화 어린이, 학생이 아니라 성인이 된 다문화배경 청년들에게 10대의 다문화청소년 후배들이 고민 상담을 하는 코너가 마련되었다. 고민 상담 중 하나가 소개되었다.

> "저는 나중에 커서 의사나 변호사 같은 전문직으로 살아가고 싶은데, 다른 사람들의 시선이 두려워요. 제가 나중에 그런 전문가가 될 수 있을까요?"

필자에게 이 사연은 머리를 한 대 맞은 듯한 질문으로 다가왔다. 이 10대 청소년이 다니고 있는 학교에서는, 이 학생이 살고 있는 가정에서는, 다문화 배경이 너의 성공에 걸림돌이 될 것이라고 가르쳤을까? 잠재적 교육과정 속에서 내적으로 억압되었을까? 왜 이러한 고민을 가지게 되었을까를 생각해 보았다. 이 같은 다문화학생의 질문은 '어떻게 다문화학생들에게 편견과 이질성을 극복하고 다가가야 할지 모르겠다'는 교사들의 질문과 맞닿아 있다.

●● 이론

이제는 '한국이 단일민족 국가인가?'라는 질문에 '그렇다'라고 단언하는 국민은 많지 않을 것이다(김진희, 2019).[1] 약 10여 년의 짧은 역사 속에서도 국가 차원에서 기획적으로 추진된 다문화 정책이 얼마나 우리의 의식과 실천을 바꾸었는지 면밀한 분석이 필요하다. 그 속에서 다문화정책의 실효성에 대한 거부감이 나타나거나 '다문화'에 대한 역차별 논란이 생기는 등 부침을 겪어 왔다(조혜영, 2017).[2]

그런데 주목할 변화의 지점은 다문화사회로의 전환에 따라 국민들의 의식도 점차 달라지고 있다는 점이다. 3년 주기로 실시되는 국가승인통계를 활용한 『2018년 국민 다문화수용성 조사』에서 일반 국민들(만 19~74세 성인 남녀 4,000명)의 단일민족국가 지향성이 점차 하락하는 추세인 것으로 조사되었다. 다시 말해, 일반 국민들은 한국은 이제 단일 민족국가가 아니라는 인식이 우세했다. 다양성이 국가의 경쟁력이 된다는 인식도 높아지는 변화가 나타났다. 세부적으로 살펴보면, 관련 조사 항목으로 제시된 3개 문항, 즉 '단일민족 혈통유지가 자랑스러운

---

1 김진희(2019). 다문화교육과 세계시민교육 이론과 쟁점, 박영스토리.

2 조혜영(2017). 다문화가족 지원과 역차별 이슈 인식 고찰, 다문화와 평화, 11(3), 135-159.

일이다', '단일민족이 국가경쟁력을 높이는 데 도움이 된다', '여러 민족을 수용 시 국가 결속력을 저해한다'에 대해 한국의 일반 성인들의 응답이 2015년도 조사 결과보다 더욱 개방적인 방향으로 나타난 것이다(여성가족부, 2018).[3] 즉, 단일민족 혈통유지가 자랑스러운 것이 아니며, 단일 민족이 국가경쟁력을 높이는 것이 아니라고 응답했으며, 다양한 민족을 수용하는 것은 국가의 결속력을 해치는 것이 아니라는 응답이 더욱 높았다.

이처럼 다문화사회로 전환되는 한국의 변화에 대한 국민들의 수용도가 높아졌으며, 단일민족주의가 아니라 다문화주의를 수용하는 것이 국가의 번영에 도움이 된다는 의식이 점차 확산된 것을 볼 수 있다. 이를 볼 때 다문화사회로의 전환에 대해서 보다 열린 포용성을 가지고 있지만, 제기된 질문 속에서 교사들은 이질성을 여전히 품고 있는 것을 알 수 있다.

교육자들이 가진 이러한 의구심은 그 자체로 의미는 있다. 왠지 모르는 이질성으로 다문화배경을 가진 학생들을 제대로 지도하고 있는지 고민하기 시작했다는 것은 수업을 주도하는 자율성과 주도성 속에서 자신을 이끄는 중심 추(錘)가 무엇이 되어야 하는가를 고민하는 것이라 할 수 있다. 고민은 기존의 관념틀과 전형성에 균열을 가져오는 것이며, 이러한 균열은 성찰의 힘을 통해서 우리가 수행했던 학습경험의 변혁을 가져온다(Jarvis, 2010).[4]

---

3 여성가족부(2018). 국민다문화수용성 조사 연구.

4 Jarvis, P.(2010). Adult Education and Lifelong Learning: Theory and Practice, Taylor & Francis Group.

●● 실천 전략

첫째, 교사 스스로 낯섦과 타자화를 어느 정도 견지하고 있는지에 대해 자기 성찰을 하는 것이 첫 단계라 할 수 있다. 간단한 테스트 속에서 교사는 자신의 성향을 파악하고, 다문화학생에 대한 시선을 천천히 수정해 나가는 기반을 만나게 된다. 당위적으로 무조건 존중해야 한다는 의무가 아니라, 자신의 인식론과 속도 속에서 수정해 나가는 것이다.

둘째, 교사인 '나'가 만드는 수업의 분위기 속에서 다양성을 존중하고 긍정적으로 활용할 수 있도록 한다. 분명 학교 전체 문화를 개별 교사의 노력으로만 바꾸는 데는 한계가 있다. 그렇지만 적어도 내가 만드는 교실 분위기 속에서 서로에게 교육적인 동기부여를 하고, 배움의 즐거움을 서로 누릴 수 있도록 하는 '환대의 공간'을 만드는 것이 중요하다. 이를 위해서 앞서 설명했듯이 교육자의 언어와 화합은 두 번 강조해도 지나치지 않는다. 가장 쉬운 표현 방식을 경청하고 수용하면서 진행하는 것이다.

필자는 캐나다 유학시절에 인종차별을 극복하는 교사의 지혜(wisdom)가 무엇인지 깨닫게 되었다. <민주주의와 교육 방법론>을 다루는 수업에서 필자는 석사과정 수업에 걸맞지 않는(순전히 나의 편협한 시선으로) 영어로 의사소통도 제대로 되지 않는, 행색이 초라하고 냄새가 나는 2명의 동급생을 만나게 되었다. 이 학생들의 어눌한 발음과 의기소침한 태도, 위축된 모습이 불편했다. 그런데 그 수업을 가르친 교수님은 유독 2명의 학생들을 격려하고 끊임없이 애정을 가지고 동기부여 하는 모습을 보게 되었다. 철없는 생각으로는 '교수님이 너무 저 친구들만 편애하는 것이 아닌가'라는 생각이 들 정도로 교수님의 관심과 지지는 남달랐다.

멕시코에서 유학 온 동급생 친구에게 조심스럽게 내 생각에 동조를 구하며 물었다.

필자:	"교수님이 너무 저 친구들만 신경쓰는 거 같지 않아? 나는 저 친구들이 뭐라고 말하는지 영어도 못 알아듣겠고, 얼굴도 너무 검어서 무서워"
친구:	(평소에 재밌고 다정하던 친구는 갑자기 나를 엄격하게 꾸짖는 표정으로) "너 그렇게 말하는 거 인종차별이야. 너가 암묵적으로 저 친구들을 차별하고 있다는 말이잖아. 앞으로 그러지 말아줬으며 좋겠어"

순간 부끄러웠다. 의도치 않게 친구들을 차별하고 타자화했다는 생각에 머리를 맞은 느낌이었다. 그 사건을 계기로, 내가 저 친구들을 차별하고 있다는 모종의 죄책감을 다시금 반성하게 되었고, 낯선 존재를, 소수자를 포용하기 위해서 수업 자체가 가져야 하는 경청의 분위기, 포용하고 지지하는 분위기가 얼마나 위대한 힘을 가지는지를 깨닫게 되었다. 그리고 교수님의 올곧은 격려와 지지가 어떤 교육적 메시지인지 뒤늦게 깨우치게 되었다.

그 친구 중의 한 명은 이란 출신의 난민이었고, 또 한 명은 고등교육을 제대로 받아본 경험이 없는 원주민 부족 출신이었다. 캐나다 정부는 이들이 교육을 통해서 훌륭한 인격과 지성을 갖출 수 있다는 믿음으로 제도적 지지망을 펼쳐준 것이고, 철없던 캐나다 유학시절 필자가 만난 교수는 이들을 향한 편견을 거두고 변혁의 교육을 지혜롭게 실천하고 있었던 것이다.

이질성에 대한 자가 테스트

- 나는 낯선 사람들과 대화가 부담된다(O, X)
- 외국에 대한 호기심보다는 거부감과 경계심이 더 크게 든다(O, X)
- 평소에 접해본 경험이 없는 음식, 문화, 언어에 대한 호기심이 있는 편이다(O, X)
- 나와 다른 외모, 인종, 언어를 가진 사람들과의 만남이 기대된다(O, X)
- 외국인은 한국 사회에 동화되고 적응되어야 한다(O, X)
- 이질적인 존재는 상호작용을 통해서 융합될 수 있다.(O, X)
- 이질성은 전체의 발전과 변화에 도움이 된다(O, X)
- 이질성은 전체의 조화를 위해서 최대한 없애야 한다(O, X)

●● 영향력과 제언

학교는 아이들에게 가장 큰 사회의 창이다. 그렇기 때문에 우리가 속한 학교 안에서 다문화교육을 내실화하고, 편견과 차별이 근절되어야 한다는 것은 자명하다. 교사로서 포용과 융합, 공존을 위한 교육을 실천하기 위해서 교사 스스로 이질성을 향한 선입견을 극복하고, 다양성을 긍정하는 시선과 실천적 행위가 중요하다.

교사 개인의 실천과 변화에 그치는 것이 아니라, 학교 전체의 프로젝트형 사업을 통해서 편견과 차별을 극복하기 위한 문화 운동을 실시하고, 이를 위한 유연한 예산 지원도 충분히 고려되어야 할 것이다. 교육이 학교 담벼락 너머의 다양한 파트너들과 협력하고 시민사회의 자원과 네트워크를 활용하는 것도 중요하다. 이 걸음이 현명하고 지혜로운 교사 개인의 실천이 아니라, 공동체의 발전을 위해서 힘을 모으는 과정으로 거듭나야 할 것이다.

다문화배경 아동과 청소년의 진로 지도에서 교사들의 입장

"저는 다문화학생이거든요. 나중에 커서 의사나 변호사 같은 전문직으로 살아가고 싶은데, 다른 사람들의 시선이 두려워요. 제가 나중에 그런 전문가가 될 수 있을까요?"

다문화 2세 특집 방송에서 10대 학생이 이런 고민을 방송에 사연으로 남겼다. 21세기, 다문화정책이 교육계에 안착한지 10년이 넘는 이 시점에 이러한 고민이 나온다는 것이 안타까운 일이다.

매슬로우의 욕구 단계(Maslow's hierarchy of needs)의 가장 상위에는 자아실현이 자리잡고 있다. 이 학생은 자신의 다문화배경이 직업인으로서 자기 성취를 이루고, 자아실현을 하는 데 방해물이 된다고 생각한 것일까?
필자는 이러한 질문을 다문화교육 연수에 참여하는 교사들에게 다시 던졌다. "선생님들은 이러한 학생의 진로 고민에 대해서 어떻게 생각하시는지요? 교단에서의 선생님의 입장과 근거를 제시해 주시면 유의미한 토론이 될 거 같습니다"라고 말했다.

토론을 하는 데 크게 2가지의 지류로 나누어진다. 이 책을 읽으면서 선생님들의 의견과 근거를 제시해 볼 수 있다.

1. 다문화배경 학생도 전문직이 될 수 있다는 믿음을 가진 교사

2. 한국사회에서 아무래도 성공하기 어렵다는 회의적인 시각을 가진 교사

보통의 경우는 다음과 같다.

첫 번째 입장을 제시한 교사들은 기존의 롤모델이 없다고 낙담할

필요가 없다는 점, 그리고 현재 다문화학생이 느끼는 모종의 장벽과 불평등이 있다면 투쟁하고 싸워야 한다는 입장이다. 즉 이 사회가 불평등하고 멸시가 힘들다면 투쟁해라. 그리고 제일 중요한 것은 실력이라는 것을 잊지 말아야 한다는 점이다.

두 번째 입장을 제시한 교사들은 이러한 질문을 한 학생이 '내 자식이라면 이민을 가라고 하거나 유학을 보내는 것이 낫다고 말한다. 여전히 한국 사회에서 일반 한국인들도 치열한 경쟁 속에서 어려움이 큰데, 다문화배경을 가졌다는 것은 또 다른 굴레가 될 수 있다는 입장을 피력했다.

가장 중요한 것은 이러한 토론 속에서 다문화배경 학생의 진로에 대한 정-반-합의 변증법적 논리가 필요하다. 단순히 감정적인 평가가 아니라, 무엇이 역량을 구현할 수 있도록 가능하게 하는 요인이며, 무엇이 구조적인 장벽이 되는 것인지를 분석적으로 파악하고 조사하는 것이 중요하다. 예를 들어, 이렇게 교사들의 입장 차이 자체를 활용해서, 학생들의 진로 고민을 중심으로 프로젝트형 수업으로 진로지도를 하는 것도 유의미하다.

큰 시선으로 살펴보자. 결혼이주민, 외국인 노동자, 유학생, 상업인, 난민 등 우리사회에서 외국 출신 거주민이 이제 인구의 5%를 육박하는 상황이다. 호주, 캐나다, 영국, 미국, 프랑스, 스웨덴 등 이민을 수용한 국가에서 대개 나타나는 현상처럼 이들 속에서 요구되는 법률적 대리, 의료 및 보험 요구의 상승, 생활의 분쟁과 갈등, 심리적 상담을 필요로 하는 수요는 점증하고 있다. 이주민의 복합적인 이해관계를 가진 사람들의 상거래, 직업활동, 생활의 필요가 자연스럽게 증가하고, 이 문제를 전문적으로 해결하는 전문직종 진출은 오히려 전도유망하다. 이를 활용하여 향후 우리가 살고 있는 지역의 이슈로 다시금 천착하고, 이주민의 규모, 추이, 변화된 요구 등에 대한 예측과 통계적 근거 등을 활용하여 미래 직업과 진로 세계를 프로젝트형으로 조사하도록 하는 것은 유의미한 수업활동이자 한국의 미래를 설계하는 일이다. 미국으로 이민간 1세대들은 미국인들이 하지 않던 3D 업종에 노동력을 메우는 역할도 했지만, 이민자 집단 내부의 삶의 총체적인 문제를 직업의 세계에서 풀어가는 이해관계망을 확장해 나갔다.

더욱 근본적인 것은 신념의 문제이자, 절차탁마하는 실천의 문제라 할 수 있다. 다문화배경 학생이 사회적 시선에서 움츠러들고 주저앉도록 하는 것이 아니라, 자신감과 용기를 가지고 자신의 신념을 만들고 이를 실천할 수 있도록 일상에서 한걸음씩 노력하고 힘을 키우는 실천 전략이 필요하다.

물론 롤 모델이 있다면 좋다. 그러나 그 롤모델과 성공 케이스가 한국에서 매우 드물다고 낙담할 필요도 없으며, 롤모델이 하는 대로 그대로 똑같이 실천한다고 그 반열에 자연스럽게 오르는 것도 아니다.

네팔에서 유학생으로 한국에 온 라제스 천드러 조시는 3전 4기 끝에 의사 국시에 합격하여 현재 대구에서 의사로 활동하고 있다. 한국 태생도 아니고, 한국에서 초중고를 나오지도 않았던 '가난한 나라' 출신의 유학생이 한국 의대에서 피나는 노력 끝에 의사가 되었다.

현재 우리사회에서 다문화학생이나 청소년이 사회적 시선 속에서 불리한 조건에 있다면 이에 대해서 비판적으로 문제를 제기하고 불평등의 구조를 극복하도록 투쟁하고, 역량과 실력을 키우고, 새로운 통합체제 속에서 사회적 연대를 도모할 수 있는 구성원으로서 살아갈 수 있도록 하는 것이 가장 중요한 일이다.

인종차별과 다문화학생의 자존감
(feat. 세계시민교육 담론)

STORY 9

인종차별과 교사의 역할

“다문화가정 학생들에 대한 인식이 나아지고 있지만 아직 편견, 놀림으로 힘들어 하는 아이들이 있습니다. 교사가 할 수 있는 일은 무엇인가요?”

“교육적으로 차별하면 안 된다는 것을 계속 가르칩니다. 그런데도 알게 모르게 차별은 학교에서 지속되고요. 특히 코로나 19 사태로 중국 배경의 학생들이 겪은 심리적 부담이나 일부 선생님들과 학생들이 보여주는 민족주의적 혐오가 큰 걱정입니다. 어떤 방향으로 나아가야 이런 문제가 풀릴까요?”

다문화교육은 보다 갈등적 이슈를 다룬다. 왜 그런 것일까? 이를 다문화교육과 세계시민교육과의 비교를 통해서 설명해 보고자 한다. 기본적으로 다문화교육과 세계시민교육은 개념적 친구 사이라 할 수 있다. 동질적으로 구성원 국민국가 내부의 닫힌 교육담론에서는 두 교육이 차지하는 비중이나 중요성이 크지 않았다. 그런데 한국사회에서 1990년 이후, 사람, 정보, 기술, 자원의 국제적 이동 속에서 국가 내부에 점차 다양한 배경을 가진 구성원들이 자리 잡게 되면서 교육의 철학과 방향도 균열이 일어나 변화하게 되면서 출현했다. 특히 세계 간 상호연관성과 상호의존성이 커지면서 지구촌 구성원이라는 교육세계의 변화로 세계시민교육의 필요도 더욱 커졌다. 이러한 공통점이 있지만, 두 교육의 차이도 분명히 있다.

다문화교육은 1960대 아프리카계 미국인의 시민권 운동의 발현으로 출발하여, 인종적, 문화적 차이가 차별받지 않아야 한다는 인권적, 사회적 공정의 문제를 핵심 의제로 가지고 있다. 반면 세계시민교육은 18세기 칸트의 논문 '세계시민적 관점에서 본 보편사회 이념'에서부터 논의되기 시작한 만큼, 역사성이 다문화교육의 뿌리와 다르며, 세계의 평화와 인류의 번영을 논한다는 측면에서 포괄적이고 추상적인 도덕률을 담고 있는 교육이다. 따라서 다문화교육에서는 국내 계층 문제, 헤게모니와 권력의 문제, 소수인종의 고유문화 및 정체성의 문제 등이 복합다층적으로 결합되어 있다.

이런 공통점과 차이점을 이해한다면, 다문화교육은 차별의 문제에 더욱 민감하게 대응하는 교육이며, 권력의 문제, 대등한 시민 참여의 문제가 예리하게 자리 잡고 있다는 것을 알 수 있다. 말하자면, 세계시민교육에서는 국민국가 내부의 차별과 권력의 문제보다 초국적 질서와 인류의 공동번영을 목표로 한다. 따라서 다문화교육에서 근원적으로 차별 받거나 타자화되는 대상이 누구이며, 어떤 맥락에서 개입을 해야 하는지를 고민하는 것이다.

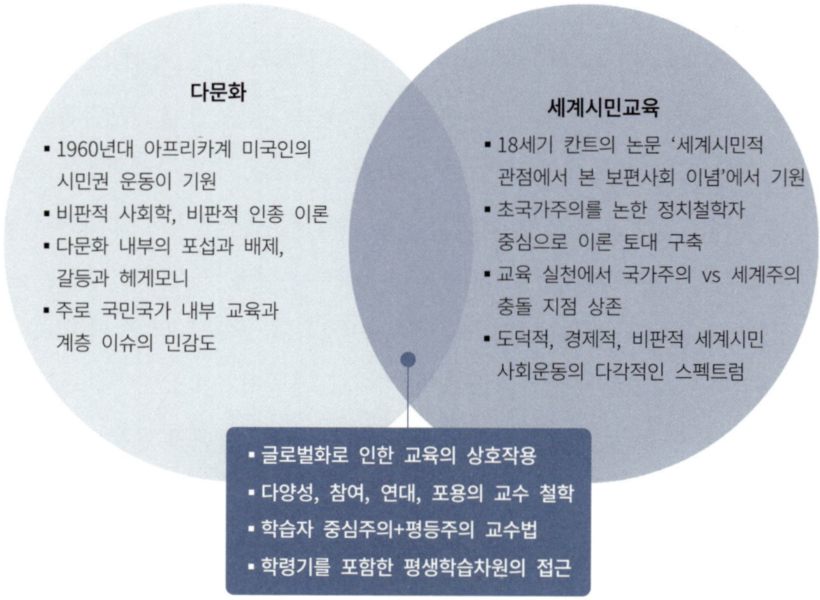

한국은 급속하게 다문화사회로 전환되고 있지만, 여전히 일상 속에서 편견과 차별적 시선에 노출된 학생들이 겪는 상처의 문제와 억압된 자존감에 대해서 진지하게 개입하지 못했다. 교사들이 이러한 차별적 시선과 불평등한 구조에 직간접적으로 참여하고 개입해야 한다.

교사의 수업 활동에서 학생들은 작은 세계를 만나고, 자신에게 의미 있는 어른이 보여주는 말과 행동에서 세상을 보는 창을 만나게 된다. 교육자가 어떤 이유로든 학생을 차별하지 않고, 다문화배경으로 차별당하는 아이들을 지지하는 메시지를 굳건하게 주는 일관성을 유지해야 한다. 마치 놀이처럼 차별을 가벼운 유희거리로 인식하는 학생들을 엄격하게 훈육하는 것도 중요하다. 이러한 교육행위는 학생들에게도 다문화를 포용하는 교실 문화에 동참하라는 일관적인 메시지를 주는 것이다.

●● 이론

자아존중감은 자기 스스로 가치있게 여기고 정체성을 확립하여 있는 그대로의 자기에 대한 긍정적 인식을 하는 것을 의미한다. 한국 사회는 국가 수준의 입법과 제도화를 통해서 다문화정책을 만들고, 다문화사회를 준비해 왔다. 하지만 이러한 거대 구조와 달리 미시적인 일상에서 다문화배경을 가진 구성원들이, 있는 그대로의 자신을 긍정하고 존중하는 감정을 가지고 살아가고 있는가는 다른 문제이다.

2000년대 중반에 입법된 다문화정책의 토대 속에서 성장한 아동 및 청소년, 그리고 갓 20대 접어든 청년들이 이런 정책의 영향 속에서 건강하게 성장하고 있다면, 한국 사회의 다양성도 성공적 가치로 인식될 수 있다. 그러나 여전히 일상 속에서 친구를 사귀고 인간관계를 확장하는데도, 학업을 수행하는데도, 자신의 진로와 꿈을 펼치는데도 '다문화'가 걸림돌이 되거나 장애물이 된다고 인식하는 경우가 다수이다.

다문화학생들의 자존감을 키워주기 위해서 단기 처방식으로 스트레스를 관리하는 기술, 정서 상담 제공, 그리고 힐링 프로그램에 참여하도록 하는 것은 내적인 뿌리를 깊게 뻗어가도록 하는 데 한계가 있다. 오히려 다문화를 둘러싼 갈등, 불편함, 긴장과 권력 관계를 보다 사회학적 시선으로 인식하고 비판적 사고력을 키우는 것이 중요하다.

전 세계에서 가장 영향력 있는 셀러브리티 중 한 사람인 오프라 윈프리(Oprah Winfrey)가 스위스에 당한 인종차별 사례를 살펴보고자 한다. 2013년에 윈프리는 고급품 상점에서 자신이 흑인 여성이라는 이유로 인종차별을 당하고 문전박대 당한 사연을 전 세계인이 지켜보는 방송에서 밝혔다. 상점에서 윈프리는 진열된 가방을 구경하면서 "가격이 얼마에요?"라고 물었다. 그런데 매장 직원은 가격을 말하는 대신, "(당신에게) 이 가방은 너무 비싸다"라며 냉대를 한 것이다. 세계에서 손꼽히는 여성 갑부로 일컬어지는 윈프리는 이러한 '사적인 경험'을 자신의 미디어 파워를 활용하여 인종차별 문제로 '공론화'하였다. 개인이 당한 차별의 경험을 불쾌한 사적 감정으로 묻어둔 것이 아니라, 인종차별이라는 거대한 정치 사회적 맥락으로 승화하여 문제를 이슈화한 것이다. 오프라 윈프리는 인종차별 문제의 권력 관계, 헤게모니와 갈등의 문제를 정확하게 짚어내면서 자신이 가진 권력을 인종차별 근절을 위해 한 걸음 더 필요한 정책적 대응에 쓰도록 활용한 것이다.

단순히 이러한 차별을 받았을 때 개인의 자존감을 높이고 감정을 차분하게 조절하거나, 차별에 대응하는 방법론적 기술을 높이는 것을 넘어서 보다 구조적인 접근이 필요하다.

결국 스위스 관광청이 윈프리에게 정중하게 사과하는 대응을 이끌어 냈으며, 전 세계 많은 시민들은 윈프리의 사건을 통해서 스위스의 인종 차별 문제를 보다 폭넓게 인식하는 기반이 되었다. 스위스는 아프리카계 난민과 망명 신청자들에 대한 관리 조치를 강화하면서 사회 범죄를 예방한다는 명목 아래, 난민의 행동반경을 제한하고, 도시 외곽에 수용시설을 만들어 분리시키면서 인종차별적이라는 비판을 받는 상황이다. 이러한 사회 분위기 속에서 윈프리의 사건이 유기적으로 연계되면서 개인이 받는 차별 문제가 곧 정치적인 사회의 문제라는 메시지를 읽을 수 있다.

●● 실천 전략

구조적인 차별과 놀림으로 힘들어하는 다문화배경 학생들에게는 가해자가 잘못한 것이라는 분명한 메시지를 주고, 다문화학생 스스로 자신의 힘과 자존감을 키워가야 한다는 점을 교사가 힘 있게 말해 주어야 한다. 오프라 윈프리의 사례를 통해서 권력과 힘을 가진 누군가가 사회적 약자를 위해서 개인의 사적인 경험을 공적인 변화로 이끄는 하나의 촛불이 될 수 있다는 점도 가르칠 수 있다.

또래 관계에서 인종차별을 받는 아이가 있다면, 차별을 하는 아이도 존재한다. 학생들에게 다양한 관점 전환을 시도할 수 있는 계기가 될 수 있는 <체험형 모둠활동>에 참여하도록 한다. 여기서 체험형 모둠활동은 학생들이 어떤 사태에 관조적으로 접근하는 것이 아니라, 직접 대립된 구도 속에 참여하면서 인식의 균열을 경험하는 것이다.

인종 차별 수업을 설계한 제인 엘리엇(Jane Elliott)의 '파란 눈과 갈

색 눈' 실험[1]이 하나의 예가 될 수 있다. 이 실험은 1960대 흑인에 대한 인종차별과 흑백 갈등이 첨예화된 시점에서 인종 차별의 구조와 실체를 가르치기 위해서 수행되었다. 오로지 '눈' 색깔로 인해서 구분된 학생들은 서로 대립하고 반목하며 갈등했다. 이 실험을 통해서 학생들은 차별의 구조와 양태를 스스로 체화하게 되었다.

한 번의 활동으로 근본적인 문제를 해결할 수 없으며, 기존의 사고방식이 금방 변할 수 없다. 그러나 학급의 분위기(class culture) 속에서 차별을 반대하고, 차별하는 사람의 행동이 교정되어야 한다는 메시지가 있다면 조금씩 달라질 것이다.

또한 우리에게 관점 전환을 경험하는 참여적 교수법이 필요하다. '타자화'되는 대상이 직접 되어보고, 그들의 입장과 태도를 대변하는 훈련을 하면서 경계를 넘는 경험을 하는 것이다. 흔히 한국 사람들은 해외에서 아시아인이 당하는 인종차별에는 분개하지만, 한국에서 살아가

---

1 본 실험에서는 '파란 눈'과 '갈색 눈'을 가진 학생들을 눈의 색깔로 임의적으로 구분하고 분리하여 실험을 실시했다. 실제로 수업을 듣는 학생 중에는 갈색 눈동자를 가진 학생들이 좀 더 많았다. 실험이 진행되면서 그들은 우월함을 느꼈고 권위를 가진 존재 (교수)가 자신들의 편이라고 느꼈다. 갈색 눈을 가진 학생들은 파란 눈을 가진 학생들의 팔에 완장을 둘러주며 다소의 우월감 또는 권력을 행사했다. 한편, 파란 눈을 가진 학생들은 상대적으로 소수 무리이다. 실험에서 제인 엘리엇은 파란 눈을 가진 사람들이 지적으로 열등하고 덜 깨끗하다고 말했다. 그들은 수적으로 열세일 뿐 아니라 권위적인 존재에게 부정적으로 비치고 있었다. 실험이 지속되면서 이러한 권위적인 존재가 규정한 눈동자 색깔이라는 단순한 차이점 속에서 학생들 사이에 균열을 나타났다. 학생들은 '파란 눈'을 열등하다고 인식하고 모욕적인 발언으로 생각했다. 갈색 눈 학생들은 파란 눈 학생들을 괴롭혔다. 쉬는 시간이 되어도 갈색 눈을 가진 학생들은 '파란 눈' 학생들과 함께 놀지 않았다. 학생들은 몸싸움을 하거나 말다툼을 하면서 서로 상처를 주고받았다(피터스(2012), 푸른 눈 갈색 눈: 세상을 놀라게 한 차별 수업 이야기, 한겨레출판사).
https://wonderfulmind.co.kr/blue-eyes-and-brown-eyes-the-jane-elliott-experiment/)

고 있는 외국인 노동자, 결혼이주민, 난민에 대한 차별에는 눈을 감는 경우도 적지 않다. 일손이 부족한 농촌에서 노동력을 메워주는 이주노동자들에게 인권탄압과 임금체불 사기는 심각한 수준이다. 경북의 농촌 지역의 마늘 농장에서 수년간 일했던 이주노동자 부부는 월급 대신 종이돈을 받았다. 3년간 받지 못한 돈은 1,500만원이 넘는다. 이주노동자 지원단체가 노동청에 고발하고 신고하지만 해결은 쉽지 않다.[2]

미국의 스타벅스에서 아시아인 고객을 '찢어진 눈'이라고 표기하는 차별적 행위에 분노하고 투쟁한다면, 같은 논리로 우리의 시선과 인식 속에서 차별당하는 존재들의 존엄성을 얼마나 짓밟는 것인지 동일 선상에서 대응하고 성찰해야 한다.

영향력과 제언

다문화사회에서 교육자의 역할은 매우 중요하다. 현재 교직 경력이 10년 이상 된 중견 교사들의 경우, 스스로 유년기에 다문화교육을 배우거나 다양성의 가치를 체화하면서 배운 적이 없다. 그렇기에 변화하는 학교 환경 속에서 아이들의 중심에 서서 다문화교육을 실천할 때 당황스럽거나 예측하지 못해서, 불편한 감정으로 길을 잃을 수 있다. 그런데 이때 중요한 것은 다문화교육이 가지는 철학과 신념의 핵심이 무엇인지 파악하고, 교육의 주체로서 인종적, 민족적 소수자인 학생들이 가지는 어려움을 다층적으로 이해하는 열린 마음과 교육적인 방법으로 대응하는 것이 필요하다.

---

2 MBC(2019.12.10.). 월급 대신 '종이돈' … 이주노동자 울린 신종체불.

다문화 배경으로 억압된 학습자를 위한 조언

"내 부모가 태어난 나라에 대한 나쁜 이미지나 감정을 갖고 적대감을 갖는 경우가 있어요. 저는 한국인인데 애들이 '반반'이라고 놀리는데 어떻게 해야 하나요?

모든 사람이 '나'를 좋아하고 모든 이에게 환영받을 수 없다. 그러나 개인의 선호와 취향의 문제가 아니라, 삐뚤어진 인종차별 의식과 편견의 시각으로 타인이 나를 차별하거나 놀린다면, 이는 의식적으로 대항하고 제도적으로 바로 잡아야 하는 일이다. 마찬가지로 한국인들은 미국에서 아시아인에 대한 인종차별에 대해서는 종종 분개하지만, 정작 우한 코로나 사태가 일어날 때 중국 출신 동급생들에게 인종 차별적 언행을 한 것에 대해서는 간과하는 경향이 있다. 역사 수업을 받을 때도 독도 영유권 문제나 위안부 사태가 언론에서 보도될 때 일본 부모님을 가진 학생들은 움츠러들고 교실 속에서도 위축된 경우가 많다.

균형을 잡아야 하는 교사는 이때 어떻게 개입할 것인가? 교육자는 학생들의 지식과 인지의 재구조화를 촉진하고 유도하는 안내자라 할 수 있다. 편견과 고정관념이 누군가에게 해를 끼칠 수 있다는 메시지를 확실히 주어야 하며, 그러한 편견의 실체에 대해서 열린 토론이 필요하다.

- 교사는 우리 학급에서 누구도, 어떤 이유로 차별받거나 놀림을 받는 사람이 없어야 한다는 점을 교실 운영 원칙으로 강조한다. 이러한 발언은 교사가 차별 문제를 예민하게 대응하고 인권 친화적 풍토를 만들겠다는 의지를 학생들에게 명료하게 보여주는 기제이다.
- 차별 문제를 다룬 <갈색 눈, 푸른 눈>의 실험처럼 경험과학적 데이터, 논문 등을 소개하며 모든 학생들이 이에 대해서 어떻게 생각하는지 토론 수업을 실시한다.
- 체험형 모둠활동을 통해서 관점이 다른 상대방을 이해하도록 참여형 수업에 학생들이 개입할 수 있는 시간을 마련한다.

- 교실 안에서 다양성을 인정하기 위해 학생들 스스로 할 수 있는 말과 행동이 무엇인지 스스로 묻고 제안하는 공론의 장을 연다. 학생들 중에서 조장을 선발하고, 팀을 나누고, 기록하는 사람을 선발하여 모두 참여할 수 있도록 역할을 부여한다.

다문화학생 지도,
분리와 통합의 문제

STORY 10

수업 상황에서 다문화학생의 분리와 통합

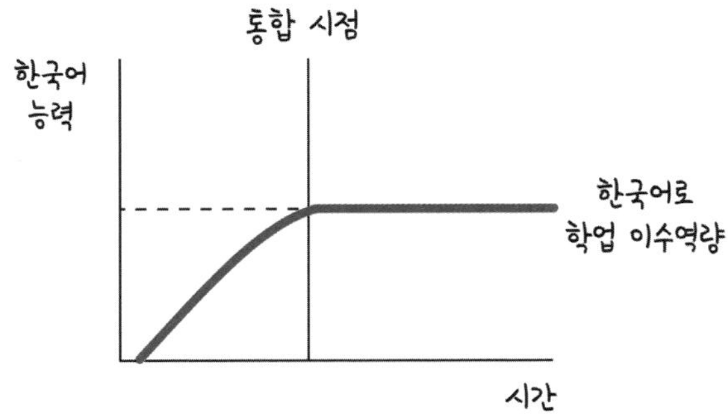

"다문화학생을 가르치는 동료들의 이야기를 전해 듣기만 하다가, 직접 가르치게 되면서 하나부터 열까지 고민이 됩니다. 다문화학생끼리 모여서 교육시키는 것이 효과적인가요? 일반학생들과 같이 어울려서 교육하는 것이 좋을까요?"

"영어나 수학과목은 대충 잘 따라오는데, 한국어가 안 되는 다문화학생들을 수업 시간에 어떻게 가르쳐야 할까요? 교사는 한국어로 수업해야 하는데, 매번 이중언어 교사가 수업에 참여할 수 없는 노릇이거든요."

"우리 반에 한국어로 말은 잘하지만, 쓰기가 전혀 안 되는 중도입국 학생이 있어요. 한국어가 능숙하지 않을 때, 번역기를 돌려서 문제를 제시하고, 모국어로 답안을 쓰는 것을 허용하는 분리형 평가를 하는 것이 역차별은 아닌가요?"

대구, 대전, 서울에서 열린 다문화교육 연수에서 일부 선생님들은 다문화교육의 철학에 대해서는 이해하지만, 실제로 수업 맥락에서 교과 수업을 진행하고 평가를 할 때 미묘한 장벽을 어떻게 해결할지 고민스럽다고 토로했다. 이는 교육청의 다문화교육 지도법이나 가이드라인으로는 일률적으로 해결할 수 없는 '경계 안의 경계'가 걸쳐있는 경우라 할 수 있다.

일반 학교급에서 다문화배경 학습자를 일부 수용하는 데서 고민이 발생하는 것을 포함하여, 한국폴리텍 다솜고등학교처럼 다문화 청소년(국내출생 · 중도입국)을 타깃으로 설립된 기술계 고등학교에서도 언어적, 문화적 차이가 상존하는 학습자들을 어느 정도 수준의 한국어를 구사할 때 통합하고, 어느 수준에서 분리해서 가르칠 것인가를 현장 교사들은 고민하고 있다. 왜냐하면 대개 정규학교의 교육과정은 총괄성과 일관성, 중위수준의 학습자를 포괄적으로 전제하기 때문에 다양한 배경을 가진 학습자를 매우 세심하게 맥락적으로 가르칠 때는 결국 교사의 역량과 학교 지원이라는 두 개의 축이 관건이 된다.

가령 필리핀 어머니를 둔 국내 출생 A학생은 한국어는 유창하지만, 교과목 이수 역량이 몽고에서 중도입국한 B학생보다 낮을 경우가 있다. 이 경우 한국어로 수업을 진행하는 교사는 B학생에게 한국어로 두어 번 쉽게 풀어서 내용을 가르치게 될 때, A학생은 집중력이 떨어질 수 있다. A와 B학생처럼 의사소통 수준과 학습 역량에서 서로 차이가 날 경우, 교사는 재량껏 혹은 요령껏 이 둘의 간극을 최대한 줄여나가야 한다.

가장 이상적인 것은 '외국어로서 한국어' 기초를 어느 정도 닦은 학생들이 수업에 참여하는 것이 필요하다. 그러나 현실은 그렇지 않다. 중도입국 청소년 가운데 기초 한국어가 되지 않는 학생들이 다문화 특성화 고등학교에서 '통합'된다 하더라도 일방적 통합 속에서 소외된 학습자는 발생하기 마련이다.

마찬가지로, 다문화학생을 대상으로 설립된 위탁형 대안학교도 다문화학생을 위한 특화된 교육을 실시하고 있지만, 그 속에서도 학습 역량의 차이가 있는 다양한 학습자들이 포진해 있다.

통합교육만이 해법이라는 시각은 옳은 것인가? 다문화 학습자를 일방적으로 일선 학교로 보내서 무조적으로 통합교육한다는 것이 능사일까? 일선 학교의 교사들이 종합 백과사전형으로 모든 학습자의 다양한 교육 요구를 충족할 수 없는 노릇이다.

필자는 교육청 인가를 받은 다문화 대안학교, 국제학교를 현장에서 조사하면서 '통합'이 거시적인 방향이 되어야 한다는 관점에 균열이 일어나게 되었다. 다문화 목적형 학교는 다양한 배경을 가진 학습자의 자기 정체성과 자존감을 키워주고, 통합형 교육의 주체적인 학습자가 되기 위한 내적인 힘을 키워주는 교육이 선행되는 플랫폼이 될 수 있다. 가장 중요한 것은 학습자들이 위축되지 않고 공부하면서 지식과 기술, 태도를 형성하고 다양한 문제해결력을 키울 수 있는 교육적 환경을 구성하는 것이다.

이론

'통합'이라는 개념이 교육계에서 적용되기 시작한 것은 1970년대 미국에서 장애 아동의 학습권 보장을 주장하는 논의에서 기인한다.

2007년 제정된 장애인 등에 대한 특수교육법은 통합교육을 "특수교육대상자가 일반학교에서 장애유형·장애 정도에 따라 차별을 받지 아니하고 또래와 함께 개개인의 교육적 요구에 적합한 교육을 받는 것"으로 정의함으로써 물리적 통합을 넘어선 사회적 의미의 통합을 지향한다.

교육사회학적 관점에서 '통합'과 '분리'는 포섭과 배제라는 대항 원리와 연계된다. 통합 담론 속에 담긴 '위계성'과 분리 담론 속에 투영된 구조적인 '박탈'이 어떤 사회학적 맥락에서 이루어지는가를 비판적으로 검토하는 것이다.

통합교육과 분리교육의 논쟁이 가장 첨예한 학문지대는 특수교육학 영역이다. 주요 전제로 작동하는 '통합교육은 좋은 것이고 분리교육은 나쁘다'는 논의 속에서 통합과 분리가 학습자의 성장을 위해서 유의미하게 공존할 수 있는지가 중요하다. 정용석(2013)[1]의 연구에서는 첫째, 통합교육이 좋다는 주장은 부분적으로 타당하고 통합교육의 분리교육 비판은 타당하다. 그러나 일반학급에 통합된 학생들은 특별한 지원을 받지 못하고 배제될 가능성이 있다. 둘째, 분리교육이 나쁘다는 주장은 부분적으로 타당하며, 분리는 부분적으로 차별을 유도한다. 그리고 중요한 것은 특수아동에게 제공하는 분리교육은 부분적으로 비효율적이다 셋째, 통합과 분리 모두는 좋은 것으로 공존할 수 있다.

이 같은 통합교육에 대한 논의에서 이제는 통합이 좋은 것으로 분리교육을 나쁜 것으로 간주하는 이분법적 이데올로기를 지양해야 한다. 오히려 중요한 것은 다문화교육의 전문성 및 실제적 지식을 개발하

1 정용석(2013). 통합교육은 좋은 것이고 분리교육은 나쁜 것인가? 특수교육학연구, 47(4), 199-206.

고 축적하는 노력이 강화되어야 한다. 교육자들은 궁극적으로 다문화 배경을 가진 학습자들이 통합교육 속에서 특별한 요구를 충족시킬 수 있는지, 혹은 다문화 특화된 수업환경 속에서 이들이 중장기적으로 통합적 교육모형과 상호작용할 수 있을지를 지속적으로 상기하고 실천해 나가야 한다.

그런데 1960년대와 1970년대에 구조주의 결정론적 사고를 비판하며 등장한 포스트 구조주의(post-structuralism) 사조를 차용하여 다문화교육의 통합과 분리를, 개별 학생들의 행위나 인식을 넘어서 우리 사회의 기반이 되는 전체 체계와 구조를 분석할 필요가 있다. 교사들이 학교 현장에서 다문화배경 학생들을 일반학급에 편입해서 교육과정을 가르칠 때, 이들이 비(非)다문화배경 또래 학습자들과 사회적 상호작용을 향상시킬 수 있다는 것이 통합교육에 대한 지배적 개념이다. 그러나 포스트구조주의 관점에서 이러한 통합교육의 지배담론이 '일반 학생' 또는 '보통의 학생'이라는 집단을 이분법적으로 형성해내고, 기존의 위계를 재생산하여, 그 결과 교육에서의 분리의 문제를 종식하지 못한다는 주장이 나올 수 있는 것이다. 이를 고려할 때 포스트구조주의 맥락에서 다문화교육학은 모든 학생들이 어떤 종류의 차별 없이 다양성에 근거해 양질의 교육을 받을 수 있도록 교육 전체의 판을 바꾸는 작업이 필요한 것이다.

따라서 통합과 분리는 다문화배경 학생뿐만 아니라, 모든 학생들에게 확장되는 것이며, 다문화교육을 다문화배경 학생들과 직접적으로 관련지어 개념화할 때는 '다양성'이라는 가치와 자원에 대해서 학습하도록 하는 관점에서 접근해야 한다. 즉 학생 간의 인종적, 문화적 차이가 흡사, 더 우월한 상위 문화와 열등한 하위문화로 위계적으로 인식되지 않도록 교사가 특별히 주의를 기울이고, 실천적으로 다가가야 한다.

다만 유의해야 하는 것은 다문화배경 학습자들이 통합적 교육과정에서 부딪히는 언어적 장벽, 문화적 차이, 상호작용의 난관을 교사들이 식별하고 그것이 구조적인 문제가 되지 않도록 최소화하도록 개입할 필요가 있다. 이는 학생 개개인의 문제가 아니라, 우리의 교육계, 학교, 제3의 교육기관, 교육자들이 가지는 가치, 실천에 대한 끊임없는 성찰이 필요한 지점이다.

실천 전략

통합교육은 한국뿐 아니라 세계적으로 빠른 속도로 받아들여지고 있으며 정착되고 있다. 다문화배경 학생들이 일반 학교급에서 통합될 수 있도록 정책적 실험과 개선이 이루어지고 있고 법적·정책적 지원이 증대되고 있으나, 실천 지점에서는 통합이 제대로 효과적으로 이루어지고 있는지 알 수 없다. 여전히 형식적 교육과정과 잠재적 교육과정에서 다문화학생들은 소외와 차별을 경험하고 그것이 분리로 이어지는 것을 체감하게 된다. 따라서 통합교육은 거시적인 방향이지만 무조건적인 통합 논리 속에서 언어적, 문화적으로 특수한 요구를 가진 학생들의 요구가 억압되거나 뭉개지지 않아야 한다. 그런 점에서 '따로 또 같이'의 순환적 전략이 필요하다.

예컨대, 한국어 역량이 필요한 학생은 방과 후 수업 형태나, 교육청의 통합적 지원 형태로 '외국어로서의 한국어' 수업을 집중적으로 이수하도록 한다. 단계별로 학습하면서, 일반학생들을 대상으로 이루어지는 본 수업의 진도를 서서히 맞추어가는 점진적 통합이 가능하다. 아울러 개별적으로 온라인 플랫폼을 통해 맞춤형 수업을 들으면서 개별 학습의 필요를 충족시키고, 수업 속에서 통합되도록 기반을 마련한다.

중요한 것은 학습자마다 언어 구사력, 심리적 장벽이 어느 정도 충족되면 통합형 수업을 하는 것이 효율적일 것이다. 물론 단위 수업에서 세부 과제, 수행평가, 프로젝트형 모둠 활동 등에 참여하는 형태는 상이할 수 있지만, 교육자는 통합성과 특수성의 양단을 맥락적으로 조율할 필요가 있다.

아울러 학교의 자원을 효율적으로 활용하고 네트워킹을 가동하는 것도 고려할 수 있다. 통합형 교육활동 속에서 개별화된 멘토링과 보충학습이 필요한 경우는 이중언어 강사를 활용하거나, 맞춤형 멘토링을 제공하는 것도 유의미하다. 사례별로 온라인 콘텐츠를 활용하는 것도 고려할 수 있다.

영향력과 제언

학교는 우리 사회의 거울이며, 우리 사회는 학교라는 공간 속에서 그 사회를 채우는 사람을 길러낸다. 다문화사회는 백 가지, 천 가지, 만 가지의 다양한 뿌리, 개성, 취향을 가진 사람들이 어울려 살아가는 공존의 현재 진행형을 구현하는 사회이다.

따라서 이제 다양성은 통합과 분리의 단순한 문제가 아니라, 사회를 구성하는 거대한 사회적 자원이자 원리라는 것을 인식해야 한다. 이러한 원리는 한국 사회의 날실과 씨실을 복잡다기하게 직조하는 동력이라 할 수 있다.

질적 방법으로 다문화배경 청년들의 교육과 삶을 분석한 연구 결과(김진희 외, 2021)[2] 이들의 생애사에는 다문화 배경으로 인해 생긴 크고 작은 심리적 상처들이 맺혀있는 것을 알 수 있다. 다문화 배경 청년들은 외모, 배경, 언어, 궁핍한 살림, 열악한 법적 지위 등으로 인해 주위 사람들로부터 '이방인', '신기한 존재', '도움이 필요한 존재', 또는 '값싼 인력'으로 여겨지곤 했다. 일상생활에서 타자의 부정적 시선과 차별적 대우가 반복되면서 다문화배경 청년 스스로 자신을 '존중받을 가치가 없는 존재', '부당한 대우를 감내해야 하는 존재'로 여기게 된다. 그러나 이들이 자신을 격려해주시고, 자신의 배경을 긍정해주는 가족, 교사, 친구 등 유의미한 주변인과의 정서적 유대감을 형성할 때 의미 있는 진로를 꿈꾸고 성취를 경험하게 되는 것으로 나타났다. 다문화배경 청년의 정체성에 변화를 가져온 인생 사건들은 상처를 극복하고 자신의 잠재역량을 키워가는 토대가 되기도 한다.

여전히 마음을 나눌 이가 없고 교육의 사각지대에 있는 다문화배경 청년들을 계속 이방인이라는 시선 속에 갇히게 할 것인가? 이는 사회가 답하고 풀어야 하는 공적 가치의 영역이다. 다문화배경 청년의 정체성은 끊임없이 교차하고 재구성되는 현재 진행형의 과정에 놓여 있다.

현재 우리나라의 다문화학생의 교육에서 가장 큰 정책 기조는 통합이다. 사회학적 관점에서는 다문화를 넘어서 이민자를 포용하는 시민통합(civic integration)의 방향으로 나아가야 한다. 필자 역시 다문화 정책 추진 과정에 여러 채널로 참여하면서 우리나라의 일반 공교육 기관, 즉 일반 학교에서 다문화학생을 통합하는 방식으로 자문 의견을 제시해

2 김진희·김자영·권진희(2021). 다문화배경 청년의 학습생활과 교육요구에 대한 질적 분석, 평생학습사회, 17(2), 61–88.

왔다. 그런데 과연 학교가 다문화교육에 대해서 제도적, 문화적, 기술적 준비를 완벽히 끝냈는가?라는 질문에서는 머뭇거리게 된다. 일반 학교가 이에 대한 준비가 되지 않았는데 통합교육의 기조와 방향으로 인해서 준비 없이 학생들을 그대로 받아들일 수 없는 것이다. 교사들은 한국어로 자기 교과를 가르치고 생활 지도를 해왔는데, 다문화학생들은 양질의 교육을 받을 수 없는 간극이 생기는 것이다.

필자는 그동안 우리나라에서 조명되지 않았던 다문화배경 청년의 교육과 삶에 대한 연구를 진행하면서 지역 단위에서 나타나는 역동과 쟁점에 대해서 많은 것을 배웠다. 특히 공교육 기회를 얻지 못하거나, 언어적 문화적으로 준비가 필요한 학생들에게 교육 기회를 제공하는 대안학교를 방문하고, 교육적 가치와 애로사항을 파악하였다.

첫째, 일률적으로 공교육 학교로 진학시킨다고 다문화학생이 저절로 통합되는 것이 아니다. 학생의 필요에 맞는 세심한 맞춤형 교육 정책이 필요하다는 것을 절감하게 되었다. 교육청 인가형 대안학교뿐만 아니라 비인가 대안학교도 어려운 여건 속에서 질 높은 교육을 제공하고 있다면, 이들에 대한 다양한 정책 지원이 필요하다고 생각한다.

둘째, 공교육 학교 안에서 다문화 예비학교를 맞춤형으로 따로 학교 속의 학교 형태로 독립적으로 운영하며, 학교 전체의 다양성을 관리하는 것도 필요한 방향이다. 예컨대 캐나다와 호주처럼, 예비학교 수업에서 이중언어 수업을 탄탄히 가르치고, 여기서 한국어 역량이 어느 정도 도달하면 음악, 미술, 체육 등 예체능 교과에서 통합 수업을 하도록 '따로 또 같이' 전략을 활용할 필요가 있다.

포용주의 교수법,
나와 너를 잇는 교수법

STORY 11

다문화학생을 위한 포용적 교수법

“21세기에는 특히 다문화교육과 세계시민교육을 필수적으로 해야 하는 것은 이해합니다. 그런데 아직도 학교 현장에서 실제로 잘되지 않습니다. 방법이 있을까요? 교사인 저 스스로도 발전하고 싶거든요”

“다문화학생이 학급에 있는 경우 이 아이가 마음을 다치지 않게 다문화교육을 하는 방법이 궁금해요.”

국경을 넘으면 누구나 외국인이다. 자신과 생김새, 언어, 국적, 인종 등 배경이 다른 집단에 배치될 경우, 곧바로 우리는 이방인이 된다. 여전히 한국 사회에서 ‘다문화’ 배경은 긍정적이거나 자랑스러운 가치로 인식되는 것이 아니라, 관념적 편견의 문제를 가지고 있다. 편견의 구조와 이유를 보다 객관적으로 살펴볼 필요가 있다.

2000년대부터 본격화된 세계화, 개방화의 조류 속에서 국제교류가 활발해지고, 더 많은 노동 인력이 필요하게 된다. 개발도상국가에서 임노동을 목적으로 한국에 입국한 사람들이 노동시장에서 '3D Jobs' 일터에 배치되면서 열악한 계급적 지위로 편승되기 시작했다. 또한 중앙정부, 지방정부는 '저출산 고령화'의 위기를 타개하는 일환으로, 주로 동남아시아에서 온 결혼이주민의 입국과 귀화의 문을 폭넓게 허용했다. 그 과정에서 개발도상국가 출신의 이주노동자와 결혼이주민을 임노동과 결혼을 목적으로 한국에 입국하게 된 특수집단으로 인식되었다. '다문화 배경'은 모종의 열등하고 결핍된 대상으로 인식되기에 이르렀다.

교사들은 이러한 사회의 구조적 문제를 스스로 어떻게 정의하고 인식할 것인지 성찰하면서 다문화교육에 임한다면, 탄탄한 뿌리를 내리는 교육실천이 될 것이다. 교육은 인간의 삶을 변혁하게 하는 가장 강력한 도구이자, 목적 그 자체라 할 수 있다. 인간은 누구나 어떤 상황에서 예기치 않게, 구조적인 장벽으로 인해서 억압되거나 소외될 수 있다. 이때 가장 중요한 것은 아직 발현되지 못한 개인의 잠재력 역량을 키우고, 다양성을 존중하고, 공존하는 방법을 학습해가는 것이다.

교육청의 연수 과정에서 만난 교사들은 다문화교육의 실질적인 방법론에 대한 질문을 자주 한다. 머리로는 이론을 이해하지만, '나의 교실'에서 일어나는 다문화를 둘러싼 갈등, 불편함, 차별, 공존, 화합과 연대의 문제를 어떻게 풀어야 하는지에 대한 깊은 고민의 실타래가 있다.

최근 학교를 둘러싼 환경이 지속적으로 바뀌면서 교사에 대한 요구도 많아지고, 복합적이다. 많은 교사들은 수업지도와 생활지도, 각종 행정 업무 속에서 정부와 교육지원청의 지침을 이행하기에 바쁘다. 교육의 철학과 방향을 생각하는 것이 사치라고 말하는 교사들은 점차 늘어가고 있다. 그럼에도 불구하고 다문화교육과 세계시민교육을 실천하는 '방법론'의 패키지와 전략만 도구적으로 활용한다면 지속가능한 변화는 일어날 수 없다. 우리 교육자에게 철학적 사유, 이론의 힘이 필요하다.

이론

지역사회에서 학교의 생태계가 달라지듯이, 교실 안에도 다양한 배경을 가진 학습자들이 점차 늘어나고 있다. 다문화교육은 평등주의를 실천하는 교육으로서, 모든 학습자들이 교실 속에서 배제되지 않고 포용되도록 해야 한다. 수업을 진행하면서 교사가 객관적으로 가르치는 지식, 정보, 교육 자료의 특정 부분에서 어떤 학습자는 불편해지는 상황이 생길 수 있다.

> "사회 수업에서 일본인 엄마를 둔 학생에게 일본의 식민지배를 받았던 한국인들의 아픔을 말할 때, 일본 배경을 가진 학생은 몹시 불편해 하거든요. 교사로서 객관적이고 공정한 방식으로 어떻게 가르치면 좋을까요?"

교수학습과정에서 교사가 이미 짜놓은 교육과정을 구성하는 데 불편한 학습자가 있다 하더라도, 교육자는 이를 포용주의 교수법으로 활용해서 역사를 배우고 토론의 장으로 승화시키는 역량이 필요하다. 근현대사에서 학생들이 국제정세와 세계 질서를 이해할 때 식민지배와 열강의 구도, 제국주의의 대항체제로서 독립 운동, 국제 질서의 역동성과 재편을 다각적으로 이해하고 파악해야 한다.

일본의 식민 지배로 인해서 일본 배경을 가진 다문화학생이 심적으로 불편하다는 이유로 피하거나 회피하는 것은 옳지 않다. 일시적 감정을 넘어서 사고의 지평을 넓히고, 성숙한 시민으로 성장하는 과정에서 도전적 상황을 직면하게 된다. '현대를 사는 우리에게 역사란 무엇인가?'라는 거시적인 질문부터 교육자는 던져야 할 것이다. 일본의 식민 지배의 객관적 사실, 식민 수탈과 민족의 고통, 독립운동 과정의 역동성, 그리고 현재까지 이어지는 일본 우익의 역사 왜곡을 맥락적으로 이해할 수 있도록 가르쳐야 한다. 이와 동시에 일본의 과거사를 반성하는 일본 내 시민사회단체와 비판적 지식인의 목소리도 동시에 보여줄 필요가 있다.

포용주의 교수법은 한국 VS 일본의 대결 구도 속에서 일본 배경 학생이 주눅들게 하는 것이 아니다. 모든 학생들이 편견을 깨고, 타자의 입장이 무엇인지 경계를 넘어서 인식해 보는 교차적 경험을 할 수 있도록 한다. 이는 비판적 사고력을 키워주는 것이자, 역사 속에서 찾아야 하는 공정과 정의에 대해서 질문을 던지는 역동적인 교육이라 할 수 있다. 필요에 따라 토론, 설득, 논쟁의 과정을 회피하지 않고 학생들이 고차원적 사고방식을 어떻게 키워갈 수 있는지 시도하는 것이 중요하다. 한 걸음 더 나아가, 교사는 확산적 사고법을 활용하여 한국이 베트남전쟁 참전으로 빚어진 역사적 과오 역시 반성할 수 있도록 연계하는 수업을 만들어 가야 할 것이다.

민주주의를 실천하기 위한 다문화교육의 전략을 논의한 듀안 캠벌(Duane Campbell, 2009)[1]은 학생들이 차별의 구조, 역사, 관련 이해관계자와 세력을 사회적으로 파악하고 조사하도록 하고, 문화적으로 민감한 교수전략을 사용해야 한다고 주장했다.

---

1 Campbell, Duane E(2009). Choosing Democracy: A Practical Guide to Multicultural Education (4th Edition)

포용적 교수철학을 바탕에 둔 다문화 교수 전략

1. 학생들이 학교와 경제적 기회를 결정함에 있어서 인종, 계층의 분리된 실태와 쟁점에 대해 정확하고 올바른 정보를 제공하도록 한다.
2. 인종차별주의와 인종차별적 특권 유지하는 세력들을 교육과정에서 조사하도록 한다.
3. 문화적으로 민감하게 반응하는 교육전략들을 이용하도록 한다.
4. 다문화학생에게 높은 학문적 성취를 할 수 있다는 기대감을 보여주도록 한다.
5. 다양한 배경을 가진 학생들이 자신의 일상에서의 현실과 경험을 생각하고 활용할 수 있는 교육적인 교과서를 이용한다.
6. 평등과 정의라는 민주적 가치를 존중하고, 각 개인의 존엄성을 인정하는 교수 전략을 활용한다.
7. 역사, 사회교과, 문학 수업뿐만 아니라 모든 과목 모든 학년에서 학생들이 자신의 공동체들에 관한 이야기를 하고 다양한 관점들을 포용하도록 하라. 즉, 학생들이 스스로 말하게 한다.
8. 인종, 성, 계층, 권력의 상호연관성과 복합성을 분석하도록 학생들을 격려한다.
9. 다문화배경을 가진 학생들이 이해할 수 있는 사례, 경험들로 적절히 교육과정을 구성하고 자료를 활용한다.

또한 다양한 배경을 가진 학생들이 자신의 일상에서의 현실과 경험을 활용할 수 있는 교육과정을 구성하는 것도 교사들의 역량이라고 말했다. 이를 통해서 교실 안에서 평등과 정의라는 민주적 가치를 존중하고, 각 개인의 존엄성을 인정하는 교수 전략을 활용하는 것이 가장 중요하다는 것을 알 수 있다.

●● 실천 전략

포용적 교수법(inclusive teaching)은 다양한 요구와 배경을 가진 모든 학생들이 자기 스스로 가치 있게 느끼고 학습기회에 공정하게 접근할 수 있는 교육환경을 만들기 위한 교수방법의 일체를 의미한다. 국내외 초중등 그리고 고등교육 환경에서도 다양성이 커지면서, 이 다양성을 어떻게 다룰 것인가는 중요한 화두가 되고 있다. 이 속에서 교수자들은 '내가 어떻게 다양하고 공평한 교육 환경을 마련할 수 있을까("How do I foster a diverse and equitable environment?")'라는 고민을 하게 된다.

여기서 교수법은 단순히 교육 콘텐츠를 다루는 방식을 말하는 것이 아니다. 학생들이 소속감을 느끼는지, 학습에 대한 동기를 가지고 있는지, 같이 참여하고 성과를 도출할 수 있는지 등 교육환경을 재구성하는 것을 말한다.

포용주의 교수법을 실천하기 위해서 우선적으로 교사 스스로 자신의 교수자로서 페르소나를 성찰하고(Getting to know your students and reflecting on your own teaching persona), 교육과정 속에서 어떤 콘텐츠를 어떤 참여형 활동을 통해서 녹여갈 것인지 계획을 세우는 것이 필요하다. 예컨대 특정 내용을 가르칠 때 어떤 예시를 선택하고 활용할지, 어떤 교수전략을 쓸 것이며, 수업 과제는 무엇으로 설정할 것인지 계획을 수립하는 것이 도움이 된다. 이러한 과정을 통해서 교사 스스로 가치가 담긴 교육, 그 가치를 학생들이 소통하면서 체화할 수 있도록

하는 교육을 만들어가는 힘을 키우게 된다(UCL, 2019).[2]

다양성을 존중하는 학습과정

- 모든 사람을 환영하고, 존중하는 학습 환경을 조성한다.
- 교사들은 학생들과 지원적 관계(supportive relationship)를 만들어 나가야 한다.
- 교사들은 학생들 간에 무례함과 비생산적인 갈등을 초래하는 언행을 줄여가도록 조정한다.
- 교사들은 논쟁이 필요한 교수 자료를 다루고, 학생들의 다양한 관점을 교차할 수 있는 '뜨거운 순간'(hot moments)을 다루고 조율할 수 있도록 준비되어야 한다.
- 수업 진행에서 다양한 배경을 가진 학생 참여와 소통을 늘려야 한다.
- 학생들은 수업에서 학습자료의 맥락을 배우면서 지적인 도전(intellectual risk)을 받거나, 다양한 가치를 집요하게 탐구하는 연습을 늘려가야 한다.
- 다문화 관련 혹은 다른 교과 수업을 진행하면서 건설적인 피드백을 제공하고 기대감을 보이는 의사소통 방식을 취하도록 한다.
- 학생들의 다양한 사전 경험과 지식, 일상의 환경을 고려하여 교육과정의 예시와 자료를 활용한다.
- 학생들이 그들 스스로 다양한 입장과 관점을 제안할 수 있도록 격려한다.
- 모든 학생들이 서로 편하게 질문하고, 답할 수 있으며 존중하며 상호작용할 수 있도록 교사는 분위기를 고취시킨다.
- 다양한 배경을 가진 학생들이 삶의 경험을 적극적으로 활용할 수 있도록 격려한다.

2 UCL(2019). Inclusive teaching, Teaching Toolkits: UCL Arena Lentre.

●● 영향력과 제언

교육자는 거시적인 사회 변화를 읽는 '눈'과 교육자 자신의 성찰을 통해서 외부의 요구에 휘둘리지 않는 힘을 키울 수 있다. 포용적 교수법을 단순히 가르치는 전략에 머무는 것이 아니라, 교육자의 인식론을 성장시키는 틀이 될 수 있다. 포용적 교수법을 활용하는 교사는 도전적인 수업 과정에서 피로감을 느껴서 쉽고 재미있는 말랑말랑한 '마시멜로 콘텐츠'만을 선택하는 것이 아니다. 오히려 다양한 지식, 관점의 경계를 넘으며 학생의 사고력에 탄력성을 키울 수 있는 교사가 되는 것이다. 이를 통해서 학습자들은 자신의 사회적인 정체성을 상호작용 속에서 키워갈 수 있으며, 문화적 배경과 관련된 긴장과 갈등, 소통을 조정할 수 있는 역량을 함양해 나갈 수 있다.

다문화사회로서 한국의 비전을 실천하는 데 있어 교육자의 역할은 그 누구보다도 중요하다. 초중등 교육과정에서 포용적 교수법을 활용하는 선생님을 만난 학습자는 세계에 대한 열린 이해, 다문화를 둘러싼 다층적 시각, 자기 스스로를 가치 있게 인식하는 정체성을 품는 사람으로 성장할 수 있다. 보다 근본적으로는 교사를 위한 다양한 방법론이 제약 없이 자유롭게 활용될 수 있는 더 포용적인 교육환경이 조성되어야 할 것이다.

효율적인 교육방법론, 교실 수업에서 적용

STORY 12

실천이 어려운 다문화교육과 세계시민교육

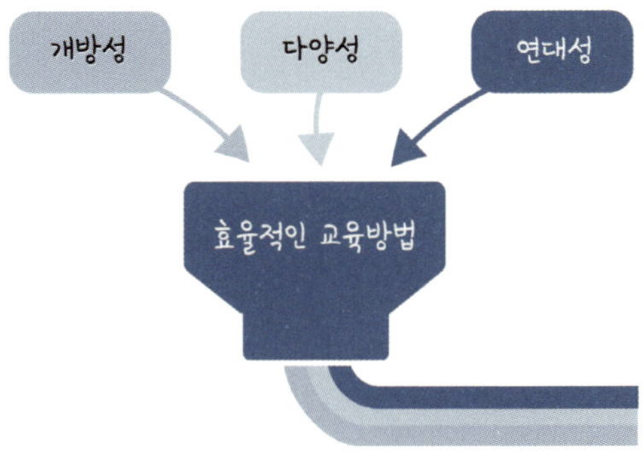

"다문화교육의 이론은 알겠지만 실제로 어떻게 수업에서 활용할지는 모르겠어요. 다문화교육과 세계시민교육을 효율적으로 다루기 위한 교육방법은 무엇인가요?"

"학생들에게 다문화, 세계시민교육을 어떻게 하면 효과적으로 가르칠 수 있을까요? 실제로 가르칠 때 적용할 수 있는 방법이 무엇인지 궁금합니다."

교육의 철학과 교육 방법은 어우러져야 한다. 다문화교육과 세계시민교육이 어떤 세부 주제 영역을 다루더라도, 그것이 궁극적으로 담고 있는 철학과 방향은 '열린 개방성'과 '다양성 존중', 그리고 '참여와 연대'의 정신을 담고 있다. 다문화교육을 가르치는 교사가, 자신이 준비한 교육과정을 지식 전달식으로 강의하고, 주입식으로 지식과 태도를 가르치는 것은 다문화교육의 정신에 위배되는 것이라 할 수 있다.

마찬가지로, 세계시민으로 살아갈 학생들에게 국제사회의 역동, 이를 둘러싼 지식 정보만 가르치는 방식으로 세계시민교육은 완성될 수 없다. 세계시민으로서 정체성, 인류공동의 번영을 도모하는 태도, 연대와 협력을 실천할 수 있는 교육적 실천이 필요하다. 단순히 교육의 방법을 '테크닉' 수준으로 받아들이고 적용한다면 뿌리는 취약해진다. 왜냐하면 하나의 기술적 적용을 선택하고 취하는 것 역시 교수자의 인식론이 반영되기 때문에, '무엇을 왜 활용하고 적용할 것인가'라는 근본적인 문제의식이 필요하다. 이 같은 문제의식을 가지게 될 경우 개방성, 다양성, 세계적 연대성이라는 본질적인 가치를 담은 교육내용이 다양한 방법으로 담길 수 있다.

이론

효율적인 교육방법의 적용을 위해서 선결되어야 하는 것은 교육과정 구성에서 '교사의 실천적 지식을 어떻게 녹여서 넣을 것인가'라는 문제와 맞닿아있다. 교육과정 개발(curriculum development)의 원리는 곧 '실천적 지식을 어떻게 담을 것인지'라고 할 수 있다. 코넬리와 클란디닌(Connelly & Clandinin, 1988)[1]은 교육자의 '개인적·실천적 지식(Personal Practical Knowledge)이 교육과정을 개발하는 데 가장 중요하다고 말했다. 교육과정은 주차별로 계획된 내용을 전달하고 끝나는 것

1 Connelly, F. M., & Clandinin, D. J.(1988). Teachers as curriculum planners: Narratives of experience, New York, Car－negie Cooperation.

이 아니라, '한 사람의 삶의 경험(a person's life experience)'을 반영하는 교사의 사고와 실천의 문제라고 보았다.

이를 볼 때 현재 한국의 30대~60대 교사들은 자신의 유년기 시절 학교교육에서 다문화교육과 세계시민교육을 받지 못한 세대이다. 2000년대 후반부터 글로벌 교육이라는 담론이 정책과 교육 실천에 들어오기 시작했다는 점을 상기하면 교사들이 내재화되지 않은 다문화교육 내용을 선한 의지로, 당위적으로 접근하는 것은 뿌리가 약할 수 있다. 이러한 교사들이 교단에 서서, 새로운 시대의 변화 속에서 지식 중심의 교육 내용만을 전달하게 될 경우에는 교육의 가치는 억압되고 교육의 성과는 절름발이가 될 수 있다. 왜냐하면 오늘날 교육자들의 삶의 경험 속에서 다문화, 혹은 세계시민이라는 화두는 여전히 자신이 이미 구축한 삶의 테두리 영역에서는 개입되지 않은 문제, 변방의 이슈이기 때문이다.

세계시민교육은 학생들이 지구공동체 일원으로서 세계에 대한 다각적인 이해도를 높이고, 세계시민사회의 협력과 인류 공공의 번영을 위해서 태도를 형성하고 행동하도록 세계시민성을 함양하는 교육이다. 이러한 대전제를 가진 교육의 방향 속에서 효율적으로 학습자들의 경험과 의식의 폭을 넓히기 위해서 성찰형 방법론이 필요하다.

실천 전략

교사들은 교육 현장에서 다양한 질문이 오가고, 문제해결력을 기르는 수업이 필요하다는 것을 알고 있다. 그러나 학생들이 소극적인 경우에는 어떤 방식으로 참여를 독려해야 하는지, 어떤 것부터 시작해야 하는지 토대를 잡는 것이 어렵다. 하나씩 적용하면서 노하우를 축적하고 실전력을 키우는 것이 중요하다.

1단계 질문에 대한 질문하기: 철학 다지기

우선 이론과 정책에서 강조되는 다문화교육과 세계시민교육을 둘러싼 핵심 키워드를 교사가 정리하고, 이를 개념 나무(concept tree)처럼 메타적으로 정리해본다. 개념 나무를 통해서 핵심적으로 도출된 키워드를 학습자의 연령대, 기초 이해 수준을 고려하여 교육과정 속에 적용하도록 한다.

학습자들이 이런 키워드를 수업내용과 잠재적 교육과정 속에서 공기처럼 인식하도로 하는 전략이 필요하다. 가치를 구현하고 이를 학습자와 공유하기 위한 토대작업이 가장 중요하다. 이러한 토대가 구축된다면 2단계는 적용형 실천을 활용할 수 있다.

다문화교육과 세계시민교육의 핵심 개념에 대한 메타 정리

2단계 자기 성찰을 통한 소크라테스식 문답법

교사는 전문가이다. 오늘날 기성세대에 속한 중견 교육자들이 개인의 삶의 경험 속에서 다양성의 화두를 깊이 성찰해 보지 않을 경우, 효율적인 교육 방법이라는 것은 그 자체로 타자화될 수 있다. 다문화교육과 세계시민교육이 대상화되고 객체화되는 것이 아니라, 타자화를 방지하기 위해서 나의 삶 속에서 다양성이란 무엇인지부터 돌아보는 것이 필요하다. 성찰적 사고를 통해서 다문화교육과 세계시민교육을 지식 중심으로 가르치는 것이 아니라, 내가 생각하는, 나의 삶 속에서 교육 내용을 용해하는 접근이 필요하다.

필자는 온라인 특강에서 구글폼을 통해서 교사들의 성찰적 사고를 확장하기 위한 질문 도구를 만들었다. 그 중에 일부 질문은 다음과 같이 구성된다. 연수에 참여한 교사들에게 하나씩 문답법으로 접근했다. 그 과정을 통해서 당위적으로 인식하던 다문화교육에서 교사 스스로 소외되지 않고, '나의 성찰'을 불러일으키는 생각의 뿌리를 건드는 작업이 중요하다는 것을 깨닫게 된다.

자기성찰형 문답식 수업에 참여한 교사들은 "학내외에서 가르치라는 요구를 받으면 최대한 열심히 수업했지만, 자기 스스로의 생애사, 경험 틀을 다양성이라는 관점으로 대입해 보지 못했다"라는 의견이 많았다. 생활형 문답 수업을 통해서 교사들은 다문화교육가 세계시민교육을 활용하는 데 있어서 인식의 틀을 확장할 수 있었다. 외부의 교재 속 주어진 내용만 활용하는 것이 아니라, 자신의 삶의 경험이 콘텐츠로 활용될 수 있다는 점을 경험하게 된다.

자기성찰형 문답법

교육자의 성찰과 개입을 활용하는 질문 도구

#1. 나의 생애사 속에서 다양성이란 무엇입니까?

#2. 다문화 배경 어린이, 학부모, 기타 외국인들과 상호작용할 때 내가 당황스럽거나 편견의 감정이 든 적이 있습니까?

있다면 사례를 적고, 그 편견이 무엇인지 진솔하게 적어주세요.

#3. 다양성과 세계시민성을 존중하고 열린 한국 사회를 만들기 위해서 여러분이 대통령이라면 무엇을 가장 먼저 개선할 것입니까?
(정책적인 측면)

#4. 다양성과 세계시민성을 존중하고 열린 한국 사회를 만들기 위해서 교육현장에서 우리 스스로 바꿔야 하는 말과 행동은 무엇이라고 생각합니까?
(개인의 내면화 측면)

3단계 프로젝트 수업

현대 사회는 복잡다단한 사태와 불확실성 속에서 끊임없이 변주되고 있다. 인간의 무한한 이성을 신뢰하는 데카르트식 지식의 정초주의로 모든 것을 해결하고 판단할 수 없다. 프로젝트형 수업은 학생들의 실생활과 밀접한 관련성을 지닌 문제나 과제를 해결해가는 성찰형 수업이라 할 수 있다. 학습과정의 중심이 학생들이 되고, 학생들 스스로가 문제의식을 가지고 주제를 선정하고, 조사하고, 발표 및 평가에 이르는 참여형 수업이다.

다문화교육의 가치와 철학이 당위적으로 접근되는 것이 아니라, 우리 사회, 혹은 우리 교실에서의 차이와 다양성, 소수자성, 이질성, 관용과 환대 등을 갈등 상황과 비갈등 상황에서 모두 다루어보는 데 프로젝트 수업의 의의가 있다. 교사로부터 주어지는 주제가 아니라, 학생들이 문제의식을 가지는 부분, 모호한 경계에 있는 질문들을 주제 속에 녹이고, 쟁점을 분석하고 토론하는 데 필요한 수업이라 할 수 있다.

여기서 활용할 수 있는 주제와 이슈는 다양하다. 문제 제기부터 시작하고 조사를 하면서 쟁점과 이슈, 이해관계자를 분석하고, 무엇을 향후 변경할 것인지를 파악하는 하나의 사이클을 거치는 것이다.

- ✔ 국제사회에서 왜 난민이 발생하는가?
- ✔ 주권국가는 외국 국적의 난민을 어떤 방식으로 대하는가?
- ✔ 우리 마을에 난민을 지원하는 거주지가 만들어지고, 그들과 함께 수업을 받게 될 경우 어떻게 할 것인가?

✔ 국제사회의 역사는 누가 만드는가?

✔ 왜 유엔상임이사국은 세계대전 이후 그대로 존속하고 있는가?

✔ 누가 세계의 시민인가?

✔ 나는 어느 정도로 선진국, 백인중심의 지향성을 가지고 있는가?

✔ 개발도상국의 빈곤과 아동노동을 목격할 때 나는 어떤 행동을 할 것인가?

4단계 역할극

역할극은 흔히 연극적 상황 속에서 어떤 역할을 설정하고, 그 역할을 시연해보고, 그 과정에서 일어났던 문제점을 파악하거나, 평가하고, 다른 행동을 취해봄으로써 사고의 경계를 넘도록 하는 교수법이라 할 수 있다. 현재 자신의 속한 세계, 환경, 정체성의 틀을 벗고 타인의 입장이 되어 그 역할을 연기해보면서 이전에 체감하지 못했던 부분을 느끼고 설정된 캐릭터 속에서 경험을 재구성하는 것이라 할 수 있다. 주로 심리적 치료 기법 중 하나로 활용되어 왔지만 다양성과 복합성이 증대되는 교육 환경 속에서 역할에 감정을 이입하면서, 타자를 이해하고, 사고의 지평을 넓히는 활동이다.

물론 한 번의 역할극으로 관점이 한 번에 변할 수는 없다. 그러나 갈등과 쟁점을 가진 상황에서 유사한 체험을 해보고 캐릭터 속에서 자신의 입장을 반성적으로 사고할 수 있는 힘을 가진 방법이라 할 수 있다. '만약에 나라면('WHAT IF') 어떻게 행동할 것인가'를 성찰하고 변화의 지점을 살펴볼 수 있을 것이다.

영향력과 제언

지금까지 살펴본 기법은 단계별 순서가 엄격한 것이 아니고, 학습자의 요구와 이해도에 따라서 중간 중간 혼합해서 활용할 수도 있다. 효율적인 교육 방법은 균질한 형태의 전체주의가 아니라, 개별 맥락주의로 활용되는 것이 맞다.

어떠한 경우에도 가장 중요한 것은 다문화교육, 세계시민교육에서 우리 스스로가 소외되지 않도록 하는 것이다. 우리 일상생활 속에서, 삶 속에서 이를 성찰하고 개입시키고 나 개인과 모두를 위한 변화를 전환적인 관점에서 시도하는 것이 중요하다. 정답주의에 빠지는 것이 아니라, 성찰하고 참여하여 스스로의 문제의식을 풀어가면서 변화를 유도할 수 있도록 하는 것이다.

이 원칙은 다문화교육에서 효과적인 수업방법을 단편적으로 채택하는 데 그치는 것이 아니라, '원리'를 파악하고 이를 내재화하는 것이 중요하다는 것을 의미한다. 교사가 모든 수업을 주도하는 게 아니라, 학생이 문제의식을 가지고 탐색하고 분석하는 참여적 접근이 중요하다. 교과에서 이를 적용할 경우도, 의도적이든, 비의도적이든 우리가 가진 편견과 차별의식을 반성하고, 지금의 나를, 더 나은 세계를 만드는 데 일조하는 변혁적 수업이 무엇인지 함께 도모되어야 한다.

'세계'는 '나'와 관계를 맺는다. 무엇이 진정으로 우리에게 효율적인 것인가를 파악하는 첫 걸음은 우리가 알고 있는 세계에 대한 이해가 얼마나 얕은지를 파악하는 것부터 시작해야 한다. 약자와 소수자를 타자화하지 않고, 우리 스스로 언제든 하나의 경계를 넘으면 소수자가 되고 이질적인 존재가 될 수 있다는 겸손함을 잊지 않아야 한다.

한 걸음 더 나아가, 세계를 평면적으로 이해하는 것이 아니라, 입체적으로 파악하는 다면적인 사고가 중요하다. 그 자체가 다문화교육과 세계시민교육의 보폭을 넓히는 걸음이다.

학부모교육,
다문화가정 학부모와 소통

STORY 13

소극적인 다문화가정 학부모와 교사의 소통

"다문화가정의 학부모, 특히 동남아에서 오신 어머니들이 학교에서 주관하는 자녀교육 프로그램에서 그림자처럼 행동해요. 이분들을 어떻게 적극적으로 참여시키고 당당한 학부모로 만들 수 있을까요?"

"학생에 대해서 상담이 불가능한 경우도 많아요. 어머니와 통화를 하는 경우에 '아빠랑 얘기하세요. 저는 몰라요'라고 얘기해요. 어떻게 이분들과 소통하면 좋을까요?"

많은 교사들은 학부모 개인의 특성과 차이가 분명히 존재하는 것은 알지만, 다문화가정의 학부모들이 학교 참여와 자녀 상담에 소극적인 것이 애로 사항이라고 말한다.

학부모 교육은 시도교육청의 정책에서도 중요하게 인식되기 시작했다. 자녀교육정보 제공뿐만 아니라, 학부모 역량강화, 학부모를 성인학습자로 인식하여 학부모 평생교육 형태로 제공하는 교육도 있다. 각 교육청은 학교회계 예산편성 기본지침에 학부모교육에 필요한 강사수당 등을 책정하여 지원하고 있다. 그 가운데 다문화가정의 학부모를 위한 학부모교육은 중요한 기둥 중의 하나이다. 다문화가정을 위한 학부모교육은 다문화가정의 학부모로서 자질과 교육 이해를 함양하기 위한 것이다. 다문화학생들의 성장과 삶의 안녕을 위해서도 가정이라는 토대는 매우 중요하다.

결혼이주를 통해서 한국에 정착한 학부모들은 그들 스스로 한국사회에서 초중등 학교교육을 받은 경험이 없다. 이러한 경험의 부재로 인해서 다문화가정의 학부모들은 자신의 아이들이 한국에서 자리를 잘 잡을 수 있을지 걱정하는 경우가 다수이다.

●● 이론

이민자 연구에서 자녀의 학업 성취도 문제, 학교 적응과 성공에서 학부모 영향이 매우 높다는 점은 오랫동안 지적되어 왔다. 학부모교육은 이민자 자녀인 2세대들의 성공 함수에서도 중요하게 강조된 영역이다.

우리나라에서는 특히 이주배경을 가진 부모의 언어능력이 자녀에게 미치는 영향이 크다는 점이 여러 연구를 통해서 밝혀졌다. 2020년 인천시교육청이 발행한 실태분석보고서에서 다문화가정의 학부모 10명 가운데 7명은 한국어, 한국의 학교 체제 및 제도에 대한 학부모교육이 필요하다는 요구 조사 결과를 보여주었다. 주목할 부분은 다문화가정의 학부모들에게 학교 시설, 학교 환경, 교육과정 등 9개 영역에 대해서 학교만족도 조사를 실시한 결과, '가정통신문'에 대한 만족도가 가장 낮은 것으로 드러났다. 학교와 학부모가 소통하는 최소한의 공식적인 창구인 가정통신문이 이해되지 않는다는 것은 즉각적인 개선과 지원정책이 요구하는 대목이라 할 수 있다.

결혼이주민 학부모는 우리 사회의 구성원이며, 시민이다. 민주사회에서 시민은 사회 현안에 대해서 깨어있어야 하며, 참여해야 하며, 목소리를 내는 주체이다. 이들이 학교가 주관하는 자녀교육에서 왜 참여를 주저하는지, 참여하더라도 왜 소극적인지에 대해서 그 구조적 여건을 살펴보는 것이 필요하다. 이들 학부모는 노동을 하고 소비를 하고, 한국사회에서 자녀를 학교로 보내고, 자녀의 학업과 삶의 질을 고민하는 일상의 시민들이다.

그동안 학부모교육이 얼마나 포용적으로, 열린 개방성 속에서 다양한 접근성을 보장하면서 추진되어왔는지 돌아볼 필요가 있다. 이는 학부모와 소통하는 개인 교사가 해결해주지 못하는, 구조적이고 장기적인 개입이 필요하다. 교사의 눈에 다문화가정 학부모가 소극적으로 참여하는 것으로 보인다 할지라도, 다문화가정 학부모의 자녀 교육에의 관심이 일반 가정의 학부모의 관심과 기대보다 결코 낮다고 말할 수 없다. 그렇다면 다양해진 학교교육 생태계의 주요 주체 중 하나인 다문화 학부모의 목소리와 요구에 세심하게 귀를 기울이는 작업이 필요하다.

●● 실천 전략

학부모들이 일방적으로 학교가 선정하고 기획한 교육 프로그램에 참여하는 데 한계가 있다. 학부모교육 행사에 올 수 있는 학부모들은 마치 평생교육 프로그램처럼 '시간 부족', '정보 부족'의 장벽이 비교적 덜한 사람들이 다수를 차지한다.

이런 이유로 학교 차원에서 다문화가정 학부모를 위한 교육 요구 조사가 필수적으로 이루어질 필요가 있다. 조사 결과를 예측하자면 학부모들이 원하는 형태의 교육 내용, 교육 형태, 선호하는 교육 시간 및 장소가 다양할 것이다. 따라서 모든 개인의 요구를 다 반영할 수 없다면 클러스터 형태의 학부모 멘토링 서비스를 제공하는 것이 필요하다. 언어적 요구에 따라서 클러스터를 구성하든지, 동네를 거점으로 클러스터를 만들든지, 자녀 교육의 내용에 따라서 클러스터를 만들든지, 맞춤형 학부모 교육은 학교 안에서도 다양성을 관리하는 차원에서 이루어질 필요가 있다.

소극적인 다문화가정의 학부모를 단 한 번의 학부모 참여 프로그램으로 적극적으로 바꿀 수 없다. 자주 접촉하고 불편한 마음 없이 소통하는 기회를 만들어 나가야 한다. 목적이 분명하다면 언어적 소통은 도구적이다. 이러한 통역과 번역이 필요하다면 오히려 다문화가족지원센터 등 지역사회의 자원을 동원하여 언어적 장벽을 풀 수 있을 것이다.

다문화가정의 자녀들은 이중 언어를 구사하는 환경에 노출되어 온 경우가 많다. 이들이 이중 언어를 활용할 수 있다는 것은 인간이 가진 삶의 불확실성에서 하나의 보루로 삼을 자원을 가진 것이라 할 수 있다. 다문화가정의 학생들이 성장하면서 어떤 문이 열릴지 알 수 없다.

부모의 출신 국가를 기반으로 새로운 비즈니스를 만들거나 인맥을 형성하거나 문화적 자산을 가질 수 있는 가능성은 한국의 일반(선주민) 가족의 가능성보다 월등하게 높다. 다문화 학부모들은 이러한 이중 자원을 잉태한 자녀들의 잠재력 가치를 제대로 인식하고 부모로서 자녀를 양육할 수 있는 지혜와 믿음을 보여줄 필요가 있다.

학교 안에서도 다문화배경 가족들과 일반 한국 가정이 문화 교류 프로그램으로 상호 학습할 수 있는 '상호 버디 프로그램'을 추진하는 것도 제안할 수 있다. 캐나다에서는 이주민 통합 정책의 일환으로 학교 내에서도 이주민 가정이 선주민 가정과 동호회, 취미활동, 문화교류를 하면서 상호작용하는 프로그램을 추진하는 사례도 있다. 캐나다의 연방정부는 지역 우정 프로그램에 참여한 학부모들이 서로의 관심사에 따라 1:1로 교류할 수 있는 기금을 지원한다. 교류 비용에서 발생하는 사교 활동비의 일부를 지방자치단체나 학교가 지원해주기도 하고, 마을의 협동조합에서 장소를 제공하기도 한다. 운동, 취미활동, 지역봉사활동, 언어교환 등을 테마로 서로 교류할 수 있는 브릿지를 만들어 가는 것이다.

이러한 실천 기반은 제도와 시스템을 통해서 사교활동을 공적으로 권장하는 것으로 이해하는 것이 아니다. 오히려 평생학습 차원에서, 삶의 무형식 맥락에서 차이와 다양성을 가진 서로를 이해하고 소통하면서 시민사회의 다문화 감수성을 높이고 통합 사회를 도모하는 길이라 할 수 있다.

영향력과 제언

가정은 학생들의 생애에 걸친 자존감이 배양되는 토대라 할 수 있다. 다문화가정의 학부모들이 가진 학부모교육의 요구를 다면적으로 분석하고, 양질의 학부모 참여 프로그램을 제공해야 한다. 그 과정에서 다문화학생들이 부모로부터 정서적인 지지를 얻고, 삶의 자양분을 안정적으로 공급받음으로써, 자신의 잠재력을 끌어올릴 수 있도록 학교와 가정은 상호 파트너십을 견고하게 만들어나가야 한다.

소극적인 학부모를 점차 자녀 교육에 적극적인 학부모로 자리 매김할 수 있도록 지원하는 일도 교사 1인의 노력으로는 불가능하다. 학교 수준에서 이런 교육은 불가능하다. 학부모교육을 담당하는 교사에게 일임되는 과업이 아니라, 지역사회의 다양한 자원을 연계하는 학교 전체의 네트워킹이 필요한 시점이다. 예컨대 지역사회의 다문화가족센터, 시민사회단체, 교육지원 중간협의체, 마을협동조합 등 공공성을 가진 유관기관이 협업하면서 학부모 교육의 파이를 키워갈 수 있을 것이다. 영국, 캐나다, 호주 등 해외 국가에서는 이를 지역사회 outreach 프로그램으로 개념화하고 다양한 활동 프로그램을 구성하면서 지역 내에서 네트워크를 확장하도록 하고 있다. 학교의 담장 밖에서 다양한 협업이 가능한 시대를 살고 있다.

마지막으로 유념할 대목은 학부모교육은 학부모의 역량을 높이는 데 그치지 않고, 다문화사회에서 깨어있고 참여하는 능동적인 시민을 만들어내는 여정 위에 있는 것이다. 그 속에서 학교는 학부모의 사회적 참여 여건을 확대하고 지지대를 넓힐 수 있도록 보이지 않는 믿음을 보여주는 지역사회의 보루이다. 한 아이를 키우기 위해서 마을 전체가 필요하고, 이 마을 전체는 구성원들의 공적 관심과 참여로 더욱 큰 힘을 얻게 되는 선순환 구조가 된다. 이것이 곧 사회적 자본(social capital)이다.

학부모가 깨어있지 않으면 아이의 미래도 선명하지 않다. 다문화사회로의 전환에서 우리 교육계는 모든 시민을 위한 다문화교육을 혁신적으로 전개해 나가야 한다. 학부모 평생교육은 그중에서도 중추적이다.

변화하는 다문화사회에서 교사의 핵심 역량

STORY 14

다문화교육을 내실화를 위해 교사가 갖출 자질

"박사님께서는 그동안 수많은 교사들을 연수를 통해서 만나고 가르치셨는데 교사가 다문화 전문성을 가지기 위해서 해야 할 일이 무엇이라고 생각하시나요?"

필자는 결론부터 말하자면 교사는 개방성을 가진 평생학습자(lifelong learner)가 되어야 한다고 생각한다. 교직 환경은 진공 포장 형태로 외부와 차단된 채, 교육적 원리로만 구성되는 것이 아니라 변화하는 시대 속에서 상호작용한다.

과거 20년 전에 우리 교육 현장에서 다문화사회의 도래를 예측했을까? 한국에서 태어나고, 한국인 부모를 둔, 한국어를 모국어로 하는, 비슷한 인종과 종족적 배경을 가진 학생들을 기본 값으로 상정해서 교육 현장을 진단하고 주조해 왔다. 그러나 이제는 초중등 학교급에 재학 중인 인종적, 민족적, 국적 배경이 상이한 다문화가정 출신의 학생들이 점증하고 있다.

2020년 교육통계(KESS)에서 다문화배경 학습자는 전국적으로 14만 7천명에 이르는데 초등학교에서 4%, 중학교에서는 2%, 고등학교에서는 1%를 차지하고 있다. 이는 2015년 6만 7천명에 비해서 2.2배 증가한 것을 알 수 있다. 점차 미래 학교의 변화에서 다문화라는 맥락의 중요성은 더욱 커질 수밖에 없다는 점을 추정할 수 있다. 따라서 변화하는 학교 현장에서 교사들은 다문화의 구성 원리, 다문화와 사회통합의 역동성, 다문화교육의 철학과 실천 양상을 학습하고 이러한 변화 속에서 깨어있는 지성과 실천으로 대응해야 한다는 것을 알 수 있다.

기존에 교과교육을 담당하는 교사 중심으로 학교 조직이 편재되던 시대가 있었다. 그러나 이제는 학교 단위 속에서도 다양한 역할과 이해관계를 가진 구성원들이 존재한다. 이미 균질성이 아니라, 다양성이 확장되고 있는 것을 알 수 있다.

교사는 단순히 특정 지식과 기술을 연마해서 활용하는 직업인이 아니다. 교육의 가치를 어떻게 정의하는가는 관점마다 다르겠지만, 전 세계 어느 나라에서도, 어느 부족 국가에서도, 어떤 종교에서도 교사는 지식 전달을 넘어서 사람을 기르고 인격을 형성하는 데 영향을 주는 사람이다. 필자가 다닌 70여 개의 나라들은 각 국가의 체제, 언어, 종교, 문화적 양식이 모두 상이하지만, 이 세상 어떤 위대한 영웅, 예술가, 정치인, 상인, 예술가라 할지라도 의무교육체제에서 성장하면서 집 밖에서 만나는 가장 커다란 공통의 존재가 있다는 것을 깨달았다. 바로 교사, 교육자이다. 가족과 친구를 제외하고 학령기에 인간이 만나는 사람 가운데 가장 큰 영향을 주는 사람이 누구인가라는 질문에 그동안 우리가 만났던 교사의 다양한 얼굴이 떠오를 것이다.

●● 이론

교직 현장을 둘러싼 환경은 불확실성, 불안정성으로 점차 변화하고 있다. 야마구치 슈의 「뉴타입 시대」는 세계의 메가 트렌드의 변화를 4가지의 키워드로 압축해서 설명하고 있다. 미래는 예측할 수 없으며 세상은 변동성(Volatility), 불확실성(Uncertainty), 복잡성(Complexity), 모호성(Ambiguity)이 특징이다. 이러한 변화 속에서 올드타입과 뉴타입의 개념을 대비하면서, 새로운 시대에 통용되는 사고방식과 행위 양식의 틀이 달라지고 있다는 것을 알 수 있다. 뉴타입의 인재는 기존의 주어진 정답을 찾는 행동을 지양하고, 문제를 발견하고 바꾸는 사람이다.

업무 처리에서도 성과지표를 관리해서 효율성을 높이기보다는, 새로운 의미를 부여하고 가치를 창출하는 것이 새로운 중요한 역량이 되고 있다. 반면, 올드 타입의 인재 혹은 성공한 기업은 빼앗고 독점하며 성과를 거두었다면, 뉴 타입의 시대에는 나누며 공유하면서 판을 확장하는 데 기여하는 것이 중요해지고 있다. 개인 스스로가 자신의 경험에 의지하기보다는 이제는 학습 능력이 중요해지고 있는 것을 알 수 있다. 또한 평생직장의 개념처럼 한 조직에 머무는 것이 아니라, 조직과 조직 사이를 넘나드는 업무 역량을 갖추는 것이 더욱 중요해졌다.

2020년과 2021년을 휩쓸고 있는 코로나(COVID-19) 팬데믹은 일상의 모든 관행과 서사를 급격하게 정지시키고 마비시켜 불확실성과 변동성의 늪에서 새로운 시대의 도래를 가속화하고 있다. 정답이 영원불변의 1개로 고정화된 것이 아니라, 맥락에 따라서, 자신의 철학과 학습 역량에 따라서 정답은 새롭게 채택되고 재구성될 수 있다. 정답은 이제 누구나 검색할 수 있는 시대가 되었기에, 정답을 정해진 시간에 채워넣는 1차원을 넘어서, 변동성과 모호성 사이에서 정답을 메타적으로 해석하고 활용하는 역량이 보다 중요해진 것이다.

올드타입과 뉴타입의 사고와 행동양식[1]

올드타입	▸	뉴타입
정답을 찾는다	▸	문제를 찾는다
예측한다	▸	구상한다
성과지표로 관리한다	▸	의미를 부여한다
생산성을 높인다	▸	놀이를 접목한다
규칙에 따른다	▸	자신의 철학에 따른다
한 조직에 머문다	▸	조직 사이를 넘나든다
철저히 계획해서 실행한다	▸	우선 시도한다
빼앗고 독점한다	▸	나눠주고 공유한다

이러한 메시지를 교육현장에 적용할 경우, 교사들의 문제해결력과 탄력성이 어느 때보다 복합적인 함수로 요구된다는 것을 알 수 있다. 일선 학교의 교사들에게 종합백과사전식 교육 솔루션을 모두 풀어낼 것을 요구하지만 현장은 보다 불확실성과 모호성, 예측불가능성이 높아지고 있기에 ready made된 정답이 즉시 작동되지 않는다.

유네스코의 21세기 교육의 핵심 아젠다는 4개의 학습 기둥 논의와 긴밀하게 연계된다. 유네스코는 포레보고서(Faure Report)를 통해서 학습은 4개의 주요 축으로 이루어지고 이것이 새로운 미래의 교육을 여는 키워드라고 선언하였다. 앎을 위한 학습(Learning to Know), 행동

1 야마구치 슈(2020). 뉴타입의 시대, 김윤경 역, 인플루엔셜.

을 위한 학습(Learning to do), 함께 살아가는 학습(Learning to Live Together), 그리고 존재를 위한 학습(Learning to Be)이 그것이다.

이러한 학습의 4가지 주요 기둥은 다양성과 사회통합의 융합이 요구되는 다문화사회에서 학습의 방향과 철학을 제시하고 있다. 또한 이것은 전 생애에 걸쳐서 모든 개인과 조직이 지속적으로 지식과 스킬을 연마하는 평생학습의 프레임워크 속에 놓여 있다는 것을 반영하고 있다.

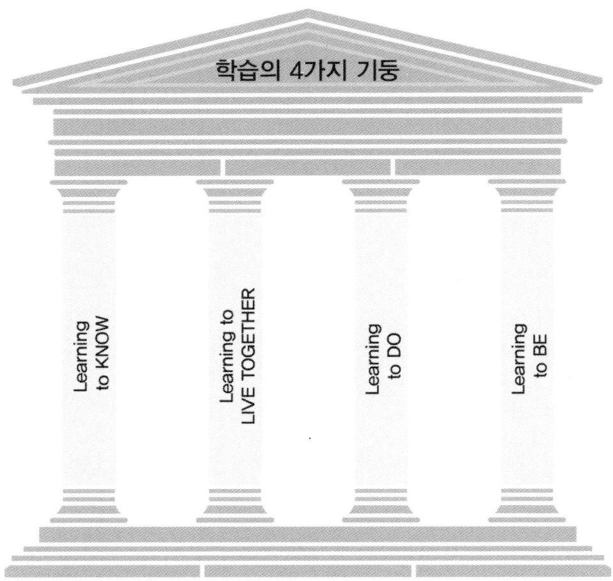

실천 전략

필자는 런던을 비롯해서 잉글랜드 남부(South England)의 초중등 학교들의 교육 실제를 조사하기 위한 연구프로젝트에 참여한 적이 있다. 이제는 한국의 일반 학교급에서도 상담교사, 진로교사, 보건교사가 보편적으로 자리잡고 있지만, 2000년대 초반까지만 해도 그렇지 못했다. 영국의 교육현장을 방문하면서 학교의 구성원들이 교과목을 가르치는, 즉 교수 지식을 담당하는 교사뿐만 아니라, 다문화교육 활동가, 사회복지사, 지역사회 협동조합 매니저 등 다양한 구성원이 상주한다는 것이 신선한 충격으로 다가왔다.

이미 우리나라에도 초중등 교육과정에서 실시하는 창의적 체험활동을 통해서 시민단체 활동가, 진로교육 전문가 등이 학교의 비교과 수업 활동에 참여하면서 교육과정의 자원이 다양해지고 교육 외연이 확대되고 있다. 이는 학교가 닫힌 담장에서 존재하는 것이 아니라, 학교와 지역사회가 공생 관계로 상호작용하면서 교육 생태계의 판이 확장되는 것을 의미한다. 아울러 세계적인 흐름이라고 할 수 있다.

이처럼 변동성이 커지고 불확실성이 커지는 시대에 교사에게 요청되는 것은 정해진 교육과정만을 구획적으로 가르치는 것을 넘어서, 다양성에 대한 열린 태도, 변화를 주체적으로 수용하고 대응하는 탄력성, 배움을 일상화하는 평생학습 역량이라 할 수 있다.

따라서 교사들이 교육과정을 융복합적으로 구성하고 재구조화하는 역량에 대한 가이드와 연수가 지속적으로 필요할 것이다. 특정교과의 전문성을 가진 교사들이 새로운 가치와 방향을 반영하여 가르칠 것을 권유받지만, 실제로 이를 교수학습 현장에서 어떻게 적용하고 실천할 것인가에 대해서는 세심한 코칭이 필요하다.

이제는 교사들이 지역사회의 새로운 이해관계자와 만나고 교류할 가능성이 더욱 커졌다. 다문화배경 학생을 가르치는 교사는 지역사회의 복지관, 다문화가족지원센터, 기업체, 시민단체 관계자와 소통하고 협력할 일들이 점차 많아질 것이다. 예측하지 못한 문제나 이슈가 발생할 경우, 다양한 교내외 자원을 동원하여 탄력적으로 대응해야 하는 경우의 수가 더욱 많아질 것이다.

10년, 20년 전에 박사학위를 받은 연구자라 할지라도 매일 연구하고 공부하지 않으면 자신이 학위과정에서 배운 과거의 지식과 기술만이 해법이라고 판단하는 우를 범할 수 있다. 매일, 매 순간 수많은 이론과 실천들이 샘솟듯 나오고 있으며, 기존의 지식과 전제는 끊임없이 균열, 해체, 재구성되는 과정을 거칠 수밖에 없다. 교사들도 마찬가지다. 새로운 교수 이론과 방법론이 학계와 교육 실천 현장에서 제시될 때, 이에 대해서 눈과 귀를 열고 배우는 학습을 위한 학습(learning to learn)을 이어나가야 한다.

영향력과 제언

분명한 것은 뉴타입 시대의 교육이 기존의 교육문법을 깨고 있다는 것을 직시해야 한다. 더욱 유념할 것은 교사 개인의 책무와 재능으로 새로운 시대의 교육 문제를 해결하도록 해서는 안 된다는 점을 강조할 필요가 있다.

한국사회의 다양성이 폭과 깊이가 커지고 있고, 글로벌과 지역사회를 연계하는 구심력이 긴밀해지는 상황에서 지금 당장 각 지역의 교육지원청은 어떻게 변모해야 할 것인가?

대전제는 교육청 단위의 혁신적 비전을 재정립할 필요가 있다. 다문화시대에서 융복합 교육 이슈에 대한 가칭 '현안대응지원팀'이 신설되어 모호하고, 불확실한 교육 변화에 기민하고 유기적으로 대응할 수 있도록 지원하는 혁신이 필요하다. 미시적으로는 변화 앞에 놓인 교사들의 불안감과 부담을 공감하며 유의미하게 해소할 수 있는 교직 문화 자본을 확충하고, 교사들에게 요구되는 평생학습 역량을 함양할 수 있도록 기존의 연수 프로그램의 다변화가 필요하다.

20세기 말, 국제기구 유네스코는 21세기 미래교육위원회를 출범시키면서 새로운 세상의 교육에 대한 철학적 방향을 제시하였다, 지식의 가용 주기가 짧아지고, 세상은 끊임없이 변화하고 불확실성이 커진다. 정해진 정답만을 붙잡고 살아갈 수 없고, 상황에 따라 요구되는 기민한 탄력성과 문제해결력이 필요한 시대가 되었다.

다문화교육과 세계시민교육은 여기에 답을 할 수 있는 교육이라 할 수 있다. 쉬운 비유로 말하자면, 이제 교사는 학생들 앞에 놓여있는 영양가 높은 반찬들을 모두 먹으라고 가르치는 시대에 살고 있지 않다. 우리 앞에 놓인 반찬이 '나'에게는 어떤 영양소를 제공하는지, 이 반찬 외에 다른 반찬들이 어딘가에 존재하고 있고, 그것이 만들어지는 역동적인 과정을 다면적으로 이해하는 역량을 키우도록 해야 한다. 학생들은 다양한 정보를 포괄적으로 활용하면서 무엇이 나에게 유익한지, 아닌지를 판단하고 감식안(connoisseurship)을 가지는 역량을 함양해야 하는 시대에 다달았다.

편견 해소와 공존의 방법

STORY 15

어떻게 다문화에 대한 편견을 버리고 공존할 것인가?

"50대인 저는 자라면서 다문화를 접한 경험도 없고, 지금처럼 학교에서 세계시민교육을 받아 본 적이 없어요. 그래서 지금 이렇게 연수를 듣고 배우면서 현장에서 가르치려고 하고 있습니다. 그런데 머리로는 편견을 가지지 않아야 한다는 걸 알지만, 실제로 가슴이 따라 주지 않습니다."

살아가면서 경험이 축적되는 과정에서 물론 특정 대상, 사태, 상황에 대해서 편견이 없을 수 없다. 편견은 인간이 가지는 직간접적인 경험과 의식의 강화로 인해 고착화되어 형성될 수 있다. 문제는 자신이 편견이 있다는 것을 부정하지 않고 인식하는 것부터 시작되어야 한다. 이러한 인식은 내가 당연시했던 경험과 인식에 대한 재구조화를 촉발하는 토대가 된다.

공존도 마찬가지다. 다른 사람과 함께 손에 손 잡

고, 평등하게 자원을 나누면서, 평화롭게 어울리며 살아간다는 것은 이상적이지만, 실천은 쉽지 않다. 더 깊이 나아가서 공존의 방법론에 대해 우리는 사회학적 관점이 필요하다. 누가 주도하는 공존의 법칙인가? 공존의 기준과 방향을 정하는 데 있어 위계나 헤게모니는 없는가? 어떠한 방식의 공존을 의미하는가? 공존을 통해서 누군가는 타협해야 하므로 공존의 대의를 위해서, 더 작은 공간, 더 억압적인 상황에서 숨죽여야 하는 것은 아닌가?

당위적으로만 우리가 다문화사회에서 편견을 근절하고 공존해야 한다고 말할 수 없다. 뉴노멀 시대에는 기존에 예측하지 못했던 불확실성과 복합성이 커지고 있으며, 그 속에서 점차 새로운 사회적 문법들이 각양각색의 방식으로 생겨나고 있기 때문에 도덕적 당위성만이 해법은 아니다.

20대 중반에 낯선 땅에서 필자가 마주한 세계는 이질적이었다. 진로와 학위 과정의 성패, 모든 것이 불확실한 가운데, 나의 공부를 이끄는 하나의 신념만은 가지고 있었다. 유네스코의 평생학습 담론 중 하나인 'Learning to live together'이다. 즉 교육학을 통해서 공존의 방식을 이론적으로 정립하고, 새로운 교육 세계의 문을 열고 싶다는 포부가 불활실한 세계에서 스스로를 단련시킬 수 있도록 만든 것이다.

그런데 큰 논제를 가지고 오른 유학길에서 지도교수를 만나는 일상은 언제나 긴장되었다. 질문도, 대답도 명쾌하지 않은 나 자신을 보면서 끊임없이 깨지며 공부했다.

지도교수: 자네는 무엇을 연구하고 싶은가?

필자: 궁극적으로는 공존을 위한 교육학을 배우고 싶습니다.

	이주노동자, 난민, 비호신청자, 사회적 소수자 등에 대해서요.
지도교수:	지금 말한 공존이 무엇이라고 생각하나?
필자:	제가 생각했을 때 타자와 함께 어울려 사는 것이라고 생각합니다.
지도교수:	그렇다면 서로 상호작용 없이 평행선으로 같은 공간에 살기만 해도 공존이라고 할 수 있는가?

마지막 질문에서 허를 찔린 느낌이었다. 공존에 대해서 이상주의적 관점에 갇혀서, 스스로 생각해도 모호한 대답만 하고 있다는 무력감이 들었다. 단순한 질문 속에서 상호작용 없이 그저 서로 간섭하거나 관심을 가지지 않고 '노터치(no-touch)'인 채로 사는 방식도 공존을 위한 교육으로 포장할 수 있다는 위험성을 반성적으로 깨달은 것이다.

평화도 마찬가지다. 서로의 갈등과 불협화음을 굳이 꺼내지 않고 외형적 평화를 유지하는 것이 진정한 평화일까? 너와 나의 다름을 이해하기보다, 문화 상대주의(cultural relativism)라는 경계성으로 묶어버리고, 상호교섭하지 않는 평화는 뿌리가 얕은 평화라 할 수 있다. 그럼에도 불구하고 우리는 편견을 없애고 공존을 이어가야 한다. 교육에 그 힘이 있다고 믿는다.

이론

우리가 다문화주의를 논할 때 가장 문제가 되는 것이 무엇일까? 인종적, 종족적, 국가적 배경으로 인해서 편견과 차별이 재생산되는 것이 그것이다.

왜 우리는 인종차별에 대해서 민감해야 하는가? 왜 인종차별이 유해한가? 인종차별의 역사와 구조를 파악하는 것이 다문화교육을 이해하고 실천하는 데도 매우 중요한 고리이다. 인종차별을 논의할 때 가장 기초적으로 이해해야 하는 개념은 백인 우월주의(white supremacy)이다. 백인 우월주의란 백인과 비백인을 구분하고, 백인이 다른 인종보다 선천적으로 우월함을 타고났다는 신념을 배태한 관념이다. 따라서 우월한 백인이 열등한 비백인을 지배하는 것을 정당화하는 믿음 체계이며, 그 논리 속에서 백인이 주도하는 식민주의와 제국주의를 정당화하는 뿌리를 제공한 개념이 백인 우월주의이다.

나아가, 이러한 신념을 강화하는 차원에서 열등한 인종을 유전학적으로 개량한다는 우생학(eugenics) 논리를 활용하는 것은 인종차별을 정당화하며 인권침해가 자행된 역사를 떠올리게 한다. 실제로 우생학을 근거로 타 인종(특히 흑인)을 열등하고 미개한 종족으로 치부하며 우월한 백인이 자행한 식민지배와 인종 차별을 정당화하기도 했다. 이 같은 백인 우월주의는 과거의 역사가 아니라, 지금도 영미권, 유럽 각국에서 정치적, 사회적으로 우월한 백인이 세상을 지배해야 하고, 외국인(비백인)을 혐오하고, 민족정화, 인종청소를 선동하는 네오 나치즘(Neo-Nazism)의 근거를 제공해주고 있다.

이러한 백인 우월주의의 영향으로 우리나라에도 다문화배경을 가진 외국인 근로나, 결혼이주민, 유학생을 차별적인 시선으로 바라보고, 이른바 '선진국 지향성'을 가진 인종 차별이 이중적으로 작동하고 있다는 것이 여러 연구에서 지적되어 왔다.

한국인들의 다문화 의식을 3년 주기로 측정하는 <국민 다문화수용성 조사>에서 우리 국민들이 점차 단일민족국가 지향성은 하락하지만, 성인과 청소년들의 선진국 지향성이 쟁점으로 드러난다. 특히 청소년들은 성인보다 다문화에 대한 수용적 태도가 더욱 높게 나타났으며('18년 청소년의 수용도 71.22점, '18년 성인의 수용도 52.81점), 다문화주의를 수용하는 것이 국가의 번영에 도움이 된다는 의견에 동의하는 수준이 높았다. 청소년들은 다양한 배경을 가진 사람들과 교류 관계를 맺는 '교류행동의지' 수준이 높았다. 그렇지만, 여전히 청소년들은 이주민을 인식하는 대목에서는 이중적인 특성이 나타났다. 경제발전 수준이나 문화적 가치, 인종 등에 따라 이주민을 달리 대하는 경향성이 높게 나타난 것이다(청소년 64.84점, 성인 48.25점). 이를 볼 때 여전히 청소년들의 다문화 수용성에서 백인 중심의 선진국 지향성이 높다는 것을 알 수 있으며, 이들과 함께하는 교류행동의지가 높다는 것을 추론할 수 있다.

따라서 이러한 조사 결과를 비판적으로 해석하는 이론적 그릇이 필요하다. 그리고 우리를 둘러싼 미디어, 교육콘텐츠, 언어와 행위들이 백인 우월주의의 잔재를 답습하고 있는 것은 아닌지 비판적 성찰이 필요하다.

실천 전략

인종에 대한 편견 의식을 근절하고, 상호작용하면서 공존하는 법을 어떻게 교육 현장에서 배워갈 수 있을지 깊은 고민과 실천이 필요한 시점이다. 우선 우리가 가진 편견의 실체에 대한 열린 토론수업을 하는 것부터 시작해야 한다. 교사 스스로, 학생들 스스로 우리가 무엇에 대하여 편견을 가지고 있는지, 이 편견의 근원이 어디인지에 대한 냉철한 자기 탐색이 필요하다.

실제 활용할 수 있는 체험활동 가운데, 주변인 인터뷰와 워크숍,

토론회를 활용할 수 있다. 우리 주변의 편견과 고정관념이 무엇인지, 학생들이 직접 주변사람들을 인터뷰하고, 그 인터뷰 영상을 찍어서 수업 시간에 공유하는 활동이다. 초중등 교실에서도 수준별로 활용할 수 있다. 교사는 이러한 사람들이 가진 다양한 편견에 대해서 토론의 장을 열어주고, 논거를 통해서 설득하고, 주장하고, 반박할 수 있는 워크숍(workshop) 형태의 수업을 기획할 수 있다. 학생들은 이 경험을 통해서 자신과 우리 주변인들의 편견과 고정관념의 실체와 특성을 파악하고, 다양한 관점을 가질 수 있는 기회를 얻을 수 있다. 이를 통해서 관점 전환 학습(transformative learning)을 할 수 있다.

관점 전환은 지속적인 학습과 훈련이 필요하다. 또한 역사적 사건을 토대로 자신의 관점을 대입시키는 수업을 할 수도 있고, 현재 사회적으로 쟁점이 되는 이슈와 뉴스를 활용해서 참여형 수업을 할 수 있다.

백인 우월주의의 역사는 과거의 이야기가 아니다. 다문화 용광로라고 불리는 미국에서 불과 70여 년 전까지 흑백분리 원칙으로 인해서 흑인은 백인이 차지한 앞자리에 앉을 수도 없으며, 식당, 병원, 공원 벤치, 공공장소 어디도 자유롭게 이용할 수 없었다.

1955년 12월 몽골메리 시의 흑인 여성이 버스 안에서 흑인 칸이 만석이라 백인 전용 칸에 앉게 되었다. 버스 기사가 흑인 전용 칸으로 옮겨서 타라고 했지만 그녀는 거부했고, '흑백 인종 분리법' 위반으로 체포되었다. 흑인들이 이에 집단적으로 항의하면서 버스 보이콧 사건으로 번졌고, 이는 전미 아프리카계 미국인의 민권 운동으로 확산된 것이다. 이렇듯 백인이 입법하고, 규정한 제도와 법률에 흑인들은 일방적으로 따라야 했으며, 백인에 의한 인종차별이 정당화되면서 우월성과 열등성을 인종에 따라 분리한 관념을 읽을 수 있다.

몽고메리 시 버스 보이콧 사건을 아이템으로 활용하여 학생들 스스로 흑인이 되는 체험을 통해서, 차별이 얼마나 부당한 것이며 개인의 주체성을 억압하는 것인지를 경험할 수 있다. 우리가 무심코 내뱉은 언어가, 시선이, 누군가에게 차별과 혐오가 될 수 있다는 것을 학습과 성찰을 통해서 배워가야 할 것이다.

영향력과 제언

하이데거(Martin Heidegger)의 이론처럼, 언어는 우리의 집이며 세계이다. 교육자가, 선생님이 보여주는 말과 행동에서 학생들은 다문화에 대한 시각과 관점을 읽을 수 있다. 교사의 한마디와 행동 하나하나가 학생들에게 메시지를 주고, 투영될 가능성이 높다.

지금 한국 사회에서 차별금지법을 통과시키기 위한 여러 노력들이 진행되고 있지만, 여전히 난관에 부딪힌 상태이다. 법과 제도는 우리의 인식을 근본적으로 견인할 수 없는 형식적 보루이지만, 차별금지법은 국적, 인종, 성, 장애, 계층에 상관없이 모든 사람이 존중받고 대등한 사회적 참여를 보장받아야 한다는 신념을 담고 있기에 중요하다. 다양성을 존중하고 더 열린 시민사회 속에서 공존하는 법을 지금부터라도 배워나가야 한다. 거창한 담론이 아니라, 다문화교육을 우리의 교실에서, 일상에서, 가정에서, 일터에서, 미디어에서, 삶 속의 공기 속에서 실천해 나가야 한다.

일상에서 세계시민성 향상 방법

인종적, 문화적, 종교적 차이와 다양성에 대해서 우리는 얼마나 알고 이해하는가? 편견을 감소시키기 위한 일상의 학습과 훈련이 필요하다.
미국 스탠포드대학의 명사 특강 시간에 있었던 일화이다. 세계시민철학의 대가인 크와메 아피아 교수의 특강 이후 질의 응답 시간에 어느 대학생이 손을 들고 질문했다.

미국 대학생: "지금 22살인데 아직까지 한 번도 미국 밖으로 나가본 적이 없어요. 저처럼 해외여행을 가본 적도 없고 세계를 직접 경험한 적도 없는 사람이 세계시민이 될 수 있나요? 세계시민이 되려면 무엇을 해야 하나요?

크와메 아피아 교수: "음 … 의미있는 질문이네요. 이번 주말에 자막이 필요한 외국 영화를 한 편 보는 것부터 시작하세요. 영어로 된, 미국인에 의해 만들어진, 미국문화만 알고 이해하는 것이 아니라, 내가 모르는 낯선 언어를 이해하는 자막에 의존해보세요. 타인을 이해하고 이질적인 문화를 접하는 경험이 일상에서 필요합니다."

지구촌 반대편에서 온라인으로 이 영상을 본 필자는, 아피아 교수의 묵직한 메시지를 들으며, 경험의 재구조화가 우리를 성장시킨다는 것을 다시금 깨달았다. 익숙하지 않은 외국어, 낯선 이방인의 문화와 관습, 그러나 인류 보편의 감수성을 접하면서 기존의 선관념을 해체할 수 있다. 자막은 불편하지만, 자막 너머의 맥락을 읽고 지구촌의 다양한 이웃들의 삶, 목소리를 들으며 우리의 무지를 깨고 성장한다는 것이다. 내 경험이 편견과 고정관념의 틀에서 편리했다면, 종종 도전받을 수 있고 재구성될 수 있는 열린 태도가 우리를 더 나은 인간으로 만들어 갈 수 있다고 믿는다.

다양성을 연주하는 학교,
다양성 관리의 시대

STORY 16

모두를 위한 다문화교육과 세계시민교육

“저희 학교는 다문화가정 학생이 많습니다. 다문화학생이 꾸준히 전학오고 있는데 전체 재학생 가운데 30%가 다문화배경 학생입니다. 다문화교육을 전교생이 함께하고 있는데 좋은 방법이 있을까요?”

저출산으로 학령인구 감소세가 해마다 이어지고 있다. ‘2020년 교육 기본통계’ 자료에서는 2020년 유치원과 초·중·고교 등 전체 학생 수가 600만 명을 겨우 넘었으며, 1년 전 613만 6,794명보다 2.1% 줄었다는 것이 드러났다. 해마다 학생이 10만 명 이상씩 줄어들고 있는 상황이지만, 대신 다문화학생은 2020년 14만 7,378명으로 7.4% 증가했다. 이러한 학생의 인구 추이를 고려할 때 다문화학생 수는 꾸준히 증가하고 있다는 것을 읽을 수 있다. 저출산 고령화로 인해 인구 절벽이 한국 사회의 도전이 되는 상황에서 우리의 교육 생태계도 점진적으로 변하는 것을 알 수 있다.

분명한 방향은 하나다. 다문화교육은 다문화배경을 가진 학생들의 특별한 요구를 반영하기 위해서 실시되는 교육이 아니다. 모든 학생을 위한, 모든 교사를 위한 다문화이해교육이 학교와 시민사회 전반에서 수평적으로 이루어져야 한다.

한국 사회에서 2000년대에 결혼이주여성들이 정착하면서 그들이 삶을 영위하기 위해서 필요로 하는 한국어교육, 한국사회이해교육 등은 이들의 '적응'과 '동화'를 위한 지원적 성격이었고 이를 다문화교육의 일환으로 명명하였다. 전국에 200여 개에 달하는 다문화가족지원센터도 이 같은 목적을 조직의 정체성으로 다져왔다. 국제결혼가정의 자녀들이 한국에서 태어나고 자란 한국인임에도 불구하고, 이들을 '다문화'라고 특정하고 분리하는 형태의 인식론이 다문화교육의 이론과 달리, 실천 지형에서 오염과 혼란을 가중시켜 온 측면이 있다. 다시 강조하지만, 다문화교육은 다문화배경을 가진 구성원을 이해하기 위해서 이루어지는 교육이 아니며, 특정 학생을 분리하는 교육이 아니다.

그럼에도 불구하고 불과 몇 년 전까지 일부 교사들 가운데 "다문화 손들어!, 너희는 남아서 교육청에서 주는 티켓 받아가!"라며 다문화학생을 타자화하는 발언을 쉽게 내뱉은 교사도 있었다. 이러한 발언을 듣는 전체 학생들은 '와, 다문화 쟤네들한테만 주는구나'라는 생각을 하며 '다문화 = 결핍된 계층 = 빈곤 계층'으로 인식하게 된다. 학생들은 이러한 단면적 경험에서 다문화학생에 대한 선심성 지원 정책에 반감을 가지게 된다. 다문화배경 학생들은 '나와 뭔가 다른' 존재이자, 지원

받아야 하는 불리한 계층이라는 표식적 이미지를 얻게 된다.

모든 학생들이 지켜보는 가운데 일방적인 행정 전달사항처럼, 다문화를 대상화해서 분리시킨 교사의 화법도 옳지 못하다. 필자가 다문화배경 청년에 대한 질적 연구를 수행하면서 만난 20대 청년들은 아직도 그렇게 스치듯 전달된 분리와 구분의 언어 속에서 상처를 가지고 있었다. 다문화배경 학생을 따로 배려하지 말자는 것이 아니다. 차이와 다양성을 가진 개별 학생들에게 보이지 않는 배려와 지원이 세심하게 들어가야 한다는 것이다. 특히 학교장의 인식론과 교사들의 태도, 비언어적 의사소통은 매우 중요하다.

●● 이론

다문화교육의 이론과 철학을 머리로 이해하는 데 그치지 않고 다문화 감수성을 내재화하는 것이 가장 중요하다.

> "다문화교육에서 역점을 두어야 할 것이 무엇인지 궁금합니다. 통합을 유도하는 것인가요? 반편견, 반차별 교육이 되어야 하는가요? 교육청에서 '다문화스럽게' 학급을 운영하라고 하는데 어떤 부분을 신경써야 하는지요."

다문화스럽게 학교를 운영하라는 것이 무엇을 의미하는지 정확한 맥락은 파악해야 하겠지만, 결국 중요한 것은 교사와 학교 구성원 모두의 다문화 감수성이 관건이라 할 수 있다. 다문화 감수성은 다양한 문화적 환경에서 자란 타인과 조화롭게 관계를 맺고 소통할 수 있는 태도와 가치, 행동 역량이다.

물론 교육자는 다문화를 둘러싼 제 이론과 담론을 공부하고, 개인주의와 공동체주의, 인종주의, 문화학 이론, 교육과 헤게모니 등 다양한 철학의 스펙트럼을 이해하고 인식의 지평을 넓히는 것이 필요하다. 이러한 기초 공부를 통해서 다문화 감수성을 내적으로 쌓아가고, 차이가 차별이 되지 않도록 편견을 해소하고 적극적인 정의를 도모하는 참여 정신에 기반을 둔 포용적 교육을 하는 것이 다문화교육이다.

다양성 관리(diversity management)는 진리의 절대주의와 단원주의(單元主義)에 맞서 상대주의와 다원주의를 부각시키려는 데 있다. 진리는 유일무이의 이성적 산물이 아니라, 복수성을 가질 수 있다는 논리가 포스트모더니즘의 사상적 기반이 되었다(김호기, 2020).[1] 다원주의가 민주주의의 가장 중요한 사상적·이념적 토대라는 점은 폭넓게 인정되기 시작하면서, 인간과 사회에 관한 문제에서 절대적 진리란 존재하지 않는다는 인식이 확산되었다. 이로써 민주주의에 생동감을 불어넣는 가치로서 다원주의적 상상력과 다양성의 가치가 더욱 부각되어 왔다. 물론 모든 것은 빛과 어두움이 공존하듯이, 타협되지 않는 다양성을 어떻게 조율하고 민주주의를 지속가능하게 만드는 것은 무한한 소통과 협의의 과정이 필요하다. 자신의 생각과 신념만, 문화체계만이 옳다고 고수할 경우 통합과 연대는 만나지 못하는 평행선을 달릴 것이다.

이제 학교는 다양성을 존중하고, 다양성을 자원으로 관리하고, 다양성을 주류화하는 시대에 놓여 있다. 이를 다양성 관리(diversity management)이론으로 설명할 수 있다. 다양성 관리는 다양성, 관용, 존중 그리고 현대적 기업문화를 상징적으로 표현하는 대명사라 할 수 있다. 오히려 동질 집단의 규범적인 관점이 성장과 혁신을 가져오는 것이

1 김호기(2020.10.27.). 다름을 인정하자 … 포퓰리즘 대항마는 포스트모더니즘, 한국일보.

아니라, 다양성이 혁신능력과 경제적 효율성을 강화시키고 기업 경영 및 인사관리 영역에서도 의미와 파급력이 중요해진다는 것을 의미한다 (Ozgener, 2008).[2] 다수의 기업들은 다양한 인종적, 문화적, 언어적 배경을 가진 다양한 고객의 니즈를 충족시키고, 다양한 직원과 관계를 맺고 일을 수행하는 것을 새로운 역량으로 강조하고 있다. 이는 글로벌기업과 마찬가지로, 비영리기업, 혹은 사회적 기업, 시민단체, 자원봉사조직, 공공행정기관도 다양성 관리의 관점을 비전이나 사업 수행과정에서 투영하도록 한다(허영식 외, 2014).[3] 킴리카(Will Kymlicka)는 글로벌 의류기업인 베네통이 '다문화주의, 다인종주의' 전략을 전 세계 마케팅 실천에서 적극적으로 활용하고 있다고 역설한다. 이처럼 점점 더 빈번하게 서로 다른 민족, 문화, 종교적 배경, 교육, 경험, 사고방식과 작업방식, 경영 스타일과 소통 스타일을 가진 사람들이 생산적 협력을 하지 않으면 안 되는 상황이 도래하고 있다(허영식 외, 2014).

다양성관리에 대한 이론적인 관점을 인지하고, 이제 학교 역시 다양성을 하나의 사회적 자원(social asset)으로 바라보는 것이 필요하다. 차이를 인식하고, 이질적인 다양성이 가진 잠재력을 신뢰하고 지원하는 인식론이 요청된다.

실천 전략

학교 안에서 다양성을 진작시키고 존중하기 위해서 가장 선결되어야 하는 작업이 무엇인가? 그 첫 걸음은 교실에서 개방적인 분위기를

---

2 Ozǵener, S.(2008). Diversity management and Demographic Differences –based Discrimination, *Journal of Business Ethics*. 82, 621–631.

3 허영식·정창화·최치원·김진희(2014). 간문화주의와 다양성관리, 박영스토리.

만드는 것이다. 나와 너의 개성과 입장이 다르고, 차이와 다양성을 인정하고 갈등을 해결하거나, 조화롭게 공존하는 학습 환경을 만들어 나가야 한다.

'좋은 게 좋은 거니까', '문제를 일으키면 피곤하니 평화를 가장한 동질주의를 준수하는 것이 능사가 아니라, 떠오르는 갈등을, 소통을 통해서 해결하고 함께 살아가는 학습(learning to live together) 법을 체화하는 것이 가장 중요하다고 볼 수 있다. 따라서 토론과 소통을 가능하게 하는 교실의 개방적인 분위기를 형성하도록 하는 것이 다문화를 존중하고 하나의 사회적 자산으로 관리하면서 학교를 운용할 수 있도록 하는 지름길 중의 하나이다. 마치 '민주성이 없는 민주시민교육'의 역설처럼, 다양성을 논하면서 '다양성 없는 다문화교육'이 실천되지 않도록 해야 할 것이다.

저마다 가진 개성, 취향, 관점, 사고방식의 차이가 존재하는 것은 오히려 자연스럽다. 토론과 소통은 인간의 자유와 새로운 세계의 개방성을 여는 길이라 할 수 있다. 그런데 왜 우리를 개방성을 높이기 위해서 실천하지 않는가라는 근본적인 물음 앞에 놓여있다.

2016년 '교실 내 토론의 개방성'을 연구한 한국청소년정책연구원에 따르면, 조사대상국 24개국 가운데 한국은 24위로 나타났다. 인간개발지수(HDI) 18위로 상위그룹에 속한 우리나라가 '교실 내 토론 개방성' 수준이 인간개발지수(HDI) 99위인 도미니카공화국보다 낮게 나온 것이다. 이러한 왜곡 현상은 학교교육의 모순과 불일치에서 비롯된다. 교육기본법엔 교육의 목적을 '민주시민'을 양성하는 것으로 명시했음에도 교육 현실은 비민주적인 환경과 비민주적인 교육과정으로 혼재되어 있는 것이 사실이다.

학교 내부의 다양성 관리: 다문화행사도 스마트하게

- 다양성 관리를 위한 가장 첫 단계는 다양성을 이질적이고 낯선 것으로 인식하고, 통합되어야 하는 대상으로 치부하는 것이 아니라, 다양성을 주류화할 수 있도록 한다. 즉 학교의 모든 행정 체제, 교육내용, 교육방법에서 다양성의 요소를 발견하고 이를 진흥하도록 한다. 다양성이라는 자원이 학교의 기존 풍토에 다원주의적 상상력을 줄 수 있도록 비전 속에 자리잡도록 한다. 교과활동 및 비교과활동에서 다양성을 활용하고 학교 내부의 소통에서 다양성이 핵심적인 의미를 가지도록 한다.
- 교육지원청은 교육자들이 다양성 관리에 대한 역량을 높일 수 있도록 체계적인 연수 과정을 제공하도록 한다. 교사 개인이 다양성을 관리하는 개별적 조치가 아니라 다양성 프로그램의 모듈, 구성요소, 교육과정을 유기적으로 연계하도록 하고 교육 실천 방법 전반을 점검한다. 학교 간부 자문위원회, 학부모운영위원회, 멘토링, 다문화 학습세미나, 모의 법정 등 다양한 구조와 분과 활동에서 의사결정의 다양성을 확보하고 차이와 다양성을 학습할 수 있도록 한다.
- 다양성관리가 주로 기업 경영과 혁신, 경제적 지향성을 가지고 있기 때문에 학교 및 비영리기업이 이를 유의미하게 자원으로 활용할 수 있을 것인가에 대한 의문이 제기될 수 있다. 그러나 다양성은 조직 성격의 구분이나 특성에 따른 것이 아니라, 모든 사람들에게 더 많은 기회를 제공하는 기제이다. 오히려 다양한 구성원 모두를 인정하고 존중해주는 문명화된 사회질서의 기본 원칙을 기반에 둔다. 모든 이의 자유와 행복, 잠재적 성취를 끌어내는 것이 필요하다(허영식 외, 2014).[4] 이는 유엔인권선언에서 명문화한 모든 이의 존엄성과 교육받을 권리를 보장하는 것과 맞닿아 있다.

---

4 허영식·정창화·최치원·김진희·게오르크 바이세노(2014). 간문화주의와 다양성관리, 박영스토리.

• 다문화 아이들이 상처받지 않도록 다문화행사를 하지 않는 학교들이 늘어나고 있다. 행사 자체가 문제가 아니라, 다문화행사를 사무 행정이나 숙제처럼 인식해서 처리하려는 것이 문제의 지점이다. 다문화교육이 다문화학생을 지원하기 위한 도구적인 교육이 아니듯이, 다문화행사도 일회적인 요식 행사로 인식하는 것이 문제인 것이다. 학교의 다양성 관리 역량을 높이기 위해서 다문화행사도 충분히 스마트하게 다원주의적 상상력을 끌어올리고, 미래를 설계하는 진로교육과 상호 어울림의 국제문화 행사로 자리매김 할 수 있도록 기획하고 자원을 적재적소에 배치하는 노력이 필요하다.

영향력과 제언

한국 사회는 이제 다문화사회로 전환되었다. 외국 출신 거주민이 전 인구의 5%를 차지하는 인구 추이를 굳이 다시 한 번 강조하지 않더라도 변화의 물결을 거스를 수는 없다. 이제 단위 학교 차원에서 '다문화교육을 실시한다, 하지 않는다' 차원의 문제가 아니라, 이렇게 가시적으로 보이는 다양성을 어떻게 학내의 자원으로 활용하고 다양성을 연주하며 합주곡을 만들 수 있는가라는 더 큰 흐름의 물결을 인식해야 하는 시점이다.

2015년 12월, 캐나다는 전 세계의 2만 5천명의 시리아 난민 가운데, 163명을 캐나다 공군 수송기로 싣고 수용했다. 난민이 도착한 날 쥐스탱 트뤼도 캐나다 총리는 공항에 직접 마중을 나와서 새로운 땅을 찾은 난민들을 환영했다. 이민과 난민에 개방적인 총리는 난민 유입으로 캐나다가 테러세력의 불온지가 될 것이므로 난민 수용을 거부해야 한다는 주장을 불식시켰다. '캐나다가 마음을 여는 방식'을 세계에 보여준 것이라는 메시지처럼, 이제 한국 사회가, 한국의 학교가 다양성을 어떤 방식으로 연주하고 관리하면서 새로운 혁신을 창의적으로 이끌어갈 것인지 시험대 위에 우리는 함께 서있는 것이라 할 수 있다.

정치는 상징이고 이미지라 할 수 있지만, 그것은 다른 측면에서 그 사회의 비전을 함축하고 있다. 우리의 학교가 어떠한 상징체계를 가지고 다양성을 하나의 축복할 수 있는 사회적 자본이자, 경험 자원으로 활용해 나갈 수 있을지 전 사회적인 학습과 노력이 지속적으로 요구된다.

판의 개혁, 다양성과 세계시민성을
학습하는 근본적 교육 철학

STORY 17

학력경쟁적 교육에서 다문화교육과 세계시민교육의 위상

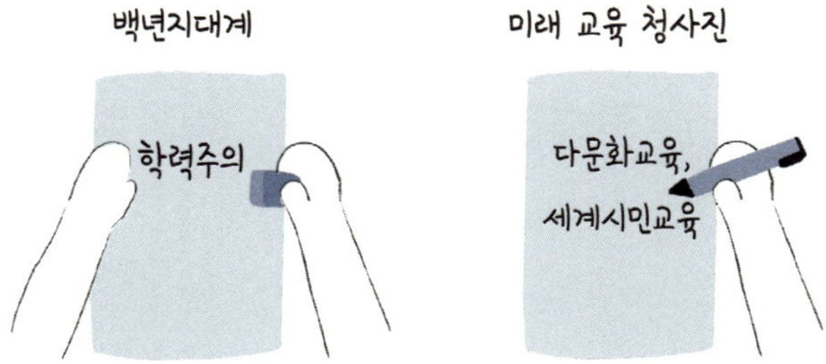

"다문화교육과 세계시민교육이 우리나라 학력경쟁주의적 교육에서 자리를 잡기 위한 근본적인 해결방법이 무엇인가요?"

우리나라에서 다문화교육이라는 주제로 학문 활동을 하는 학술단체로서 다문화교육학회가 2008년에 설립되었다. 이를 기점으로 볼 때 다문화교육학의 이론적 지평이 열리기 시작한 것은 십년 남짓의 짧은 역사이다. 글로벌 교육 맥락에서 정치적으로 부상한 세계시민교육도 2015년 유엔의 지속가능발전목표(SDGs)의 선언으로 두드러졌을 만큼 아직 일천한 수준이다.

그런데 다문화교육과 세계시민교육 모두, 현대 사회를 살아가는 데 가장 중추적인 교육으로서 강조되고 있다. 특히 초중등 학교 현장에 있는 교사들의 요구는 더욱 높은 상황이다. 오늘날 교사들이 유년기를 보냈던 '세계'와 디지털 혁명으로 시공간이 재편성되는 오늘의 '세계'는 근본적으로 다르기 때문에, 학생들의 미래를 채워주는 새로운 개념, 사상, 실천으로서 세계시민교육이 강조되는 것이라 할 수 있다.

> "현재 중학교에서 다문화교육과 세계시민교육을 즐겁게 가르치고 있습니다. 그런데 대학 입시 앞에서는 이렇게 가치 있는 교육들이 무기력해지는 것을 느끼곤 합니다. 모두가 경쟁하는 입시 중심의 교육에서 해법은 무엇일까요?

다문화교육과 세계시민교육이 더 넓은 세계를 인식하는 창이 되고, 공존과 평화의 세계를 견인할 수 있을까? 오늘날 학생들이 직면하는 현실은 입시경쟁이 치열한 학력중심주의 사회지만, 다문화교육과 세계시민교육의 이상적 가치는 새로운 혁신을 가져올 수 있을 것인가를 묻게 된다.

가장 근본적인 것은 사회구성원들이 교육철학에 대한 공감 없이는 다문화교육의 영향력은 제한적이며, 변화는 지난할 수밖에 없다. 입시경쟁이 치열한 한국에서 다양성과 포용성, 개방성, 그리고 지구적 연대를 지향하는 세계시민교육이 설 자리가 취약하다는 것은 교육 백년지대계를 써내려가는 한국사회의 미래가 그리 밝지만은 않다는 우려를 낳고 있다. 미래교육의 혁신의 과제는 여기서 출발해야 한다.

●● 이론

교육과 사회의 관계는 사회학에서는 물론 교육학에서도 오랫동안 탐구되었다. 교육이 사회발전을 견인하는지, 사회 존속의 도구로서 교육은 지배 이념과 사상을 반영하는 것인지에 대한 논쟁 속에서, 대부분은 사회를 상위에 두고 교육을 하위에 두는 방식이 설정되어 왔다. 그러나 교육이 사회의 내포 개념이기 때문에 교육의 역할을 항상 종속적으로 규정하는 것이 합리적인지에 대한 의문이 제기된다. 구조기능주의 사회학과 실용주의 교육학은 교육을 통한 사회변화가 가능할 수 있다는 관점이다(오욱환, 1999).[5]

이를 다문화교육과 세계시민교육에 적용해 볼 때 현대사회가 비록 약육강식과 각자도생이 팽배하지만, 그 속에서 전개되는 교육은 사회 유지의 문법을 깨고 상호협력과, 연대, 평화를 구현하는 정신을 담을 수 있다. 이러한 교육을 통해서 세계시민적 정체성과 지구공동체에 대한 책임의식을 기를 수 있다. 한편 세계시민교육을 통해서 국제무대에서 경쟁할 수 있는 글로벌 인력 양성에 초점을 둔다면, 그 교육은 사회변동에서 도구적인 역할을 수행하게 된다.

이를 볼 때 사회 변동에서 구조와 주체가 중요하다. 다문화교육을 적극적인 개념으로 활용하게 되는 경우, 다문화교육이 학교에서 실천되는 맥락과 구조를 면밀히 파악해야 한다. 현재 다문화교육을 이끄는 주체가 누구인지 비판적으로 검토할 필요가 있다.

이제 다문화교육은 새로운 사회 변화에 도구적으로 대응하는 교육이 아니라 미래를 여는 교육으로 나아가야 한다. 미래사회를 주도할 학생들이 새로운 세계관, 인식론, 지식, 기술, 태도의 기본기를 탄탄히 쌓고 세계시민적 연대를 하나의 사회변동으로서 주도할 수 있는 판의 개

---

5 오욱환(1999). 사회변동과 교육의 관계에 대한 이론의 구성, 한국교육, 26(2), 75–113.

혁이 중요하다.

이것은 다문화교육과 세계시민교육의 교육과정 시수를 늘리거나, 의무 교육으로 제도화하는 것만으로 완성될 수 없다. 마음의 민주적 습관이 내적인 힘이 된다고 말한 파크 파머(Parker J. Plamer)[6]의 말을 빌리자면, 우리에게 지금 다양성과 세계시민성을 함양하기 위한 마음의 습관이 중요한 시점이라 할 수 있다. 마음은 감정을 넘어서는 자아의 핵심이며 머리로 아는 것과 자아가 품은 생각이 통합되면서 근원적인 힘이 생겨나는 것이다.

현대사회가 불확실성이 커지고, 사회적 격차가 커지면서 많은 사람들이 내적으로 불안해하고 있다. 우리 스스로 공공성의 가치를 믿고 공동체로부터 분리되지 않고 살아가고, 마음의 민주적 습관을 내면화하는 것이 중요하다. 이러한 토대 위에서 다양한 의견을 가진 사람들과 생각을 나누고, 때로는 논쟁과 갈등을 통해 마음을 변화시켜 나가는 것이 필요하다. 다문화교육의 가치를 삶 속에서 실천하고 사회적인 변화를 모색하는 것은 곧 마음의 습관이 나의 일상에서 뿌리내리게 하는 것이라 할 수 있다. 개인적 차원이든, 공동체적 차원이든, 다양성과 포용성, 평화와 정의, 연대하는 작은 실천들이 모여가면서 판의 개혁이 이루어질 수 있을 것이다(김진희, 2019).[7] 입시와 경쟁 체제 속에서 다문화교육의 철학이 더욱 굳건하게 마음의 습관으로 자리 잡아 나가야 할 것이다.

6 Parker J. Plamer(2012). 비통한 자들을 위한 정치학, 김찬호 역, 글 항아리.

7 김진희(2019). 다문화교육과 세계시민교육 이론과 쟁점, 박영스토리.

●● 실천 전략

다문화교육과 세계시민교육이 변방의 교육이 아니라, 주류가 되기 위해 필요한 근본적인 기제는 무엇일까? 그것은 바로 합리적으로 추론하고 모르는 것을 물어보는 행위라고 할 수 있는 '질문하기'이다. 질문(質問)은 알고자 하는 바를 얻기 위해 묻는 것이다. 한국은 OECD에서 가장 높은 고등교육 진학률을 선보이는 나라이며, 초중고등학교 시절 학생들의 학습량도 세계 최고 수준이다. 이렇게 공부에 공부를 거듭하는 '한국인들은 왜 질문하지 못하는가?'라는 근원적 물음을 가져온 계기가 있었다.

2010년 G20 정상회담이 서울에서 성공적으로 열렸다. 폐막식에서 당시 미국 대통령이었던 오바마 대통령이 따뜻한 환대와 체계적인 정상회담 장을 마련한 대한민국에 감사를 표하면서, 대한민국 기자들에게만 질문권을 주었다. 그런데 어떤 일이 벌어졌는가? 아무도 질문을 하지 않았다. 난감해진 오바마 대통령은 다음과 같이 말했다.

"아마도 '영어 장벽' 때문에 질문을 못하는 것인가요? 하하 그렇다면 걱정마세요. 통역이 준비되어 있으니 걱정마시고 질문하세요"라고 세 차례 넘게 한국 기자들에게 기회를 주었다. 세계 언론이 모인 국제회의장은 무거운 정적이 흘렀다. 그러나 한국기자들은 아무도 질문을 하지 않았다.

비슷한 상황은 10년이 흘러, 2021년 5월에도 전개되었다. 미국 백악관에서 열린 '한미정상 회담'에서 한국과 미국 양국의 대통령들은 기자들의 질문을 받는 시간을 마련했다. 공동기자회견장에서 바이든 대통령은 여성 기자들의 질문을 우선 받았다. 이어, 한국 대통령이 질문을 받는 순서에서 기자들은 먼저 손을 들지 않았다. 10여 초 간의 정적이 흘렀다. 아무도 손을 들지 않자 대통령은 다시 한 번 말했다. “우리 여성 기자들은 왜 손 들지 않습니까? 우리 한국은 여성 기자들이 없나요?”

이렇게 반복되는 상황을 어떻게 해석할 것인가? 우리가 축적했던 세계 최고의 학습량은 무엇이며, 알고자 하는 바를 선뜻 목소리를 내지 못하는 무채색의 태도는 질문을 둘러싼 사회적인 터부와 연결된 것인가? 오바마 대통령과 한국 기자에게 거대한 긴장감을 던진 ‘질문하기’는 우리 사회의 단면을 진단하고 성찰하게 만들었다. ‘왜 우리는 대학에 가는가’, 말문을 터라, 왜? 우리는 질문을 잃어버렸을까’, ‘우리에게 질문이란 무엇일까’ 등 다양한 기획보도가 쏟아졌다.

질문이 실종된 교실의 모습은 초·중·고 그리고 대학 진학으로 이어질수록 더욱 극명하게 드러난다. 필자도 대학에서 학생들을 가르칠 때, ‘어떤 질문이든 좋으니 하세요’라고 질문을 독려한다. 그렇지만 대부분의 경우 아무도 자발적으로 수업 시간에 손을 들고 질문을 하지 않는다. 수업이 끝나면 따로 찾아와서 ‘귀한 질문’을 드디어 하사한다. 왜 수업 시간에 질문을 하지 않는지를 물어보면, “사람들이 저만 쳐다보는 게 싫어서요. 질문하면 모르는 게 들키고 바보처럼 보여서요. 혹은 왜 저렇게 혼자 나대는가, 튀려는 거 아니냐” 등의 타인의 시선이 불편하다고 말했다. 왜 질문하기가 암묵적인 금기가 되는지 안타까운 교육 풍토라 할 수 있다. 우리는 이러한 관행적 문법과 불필요한 시선을 과감하게 깨나가야 한다.

‘질문하기’만큼이나 ‘비판적으로 소통하는 것’은 매우 중요한 실천 행위다. 2018년 UN 여성차별철폐협약 제8차 국가보고서 심의에 참석한 당시 여성가족부를 중심으로 한 정부대표단은 무성의한 답변 태도로 인해서 유엔 자문위원들의 질타를 받았다. 한국 정부가 여성 차별을 철폐하기 위해서 어떠한 노력을 기울이고 있는지를 발표하는 장관급 국제회의에서 정부대표단은 제대로 된 답변을 내놓지 못하고, 준비한 자료를 로봇처럼 읽어나가는 안이한 모습으로 일관한 것이 문제가 되었다.

특히 버그비 유엔 위원이 "(2012년부터 2016년 사이에) 2,109건의 성희롱이 보고됐는데, 단지 9건만 기소로 이어진 것으로 나온다. 왜 그런 것인가?"라는 질문에 대해서도 정부 대표단은 제대로 답변을 내놓지 못했다. 단순 통계치만 나열하면서 한국 정부가 여성의 차별 금지를 위해서 노력한다는 원론적 입장만 내보였던 것이다.

대개 장관급 국제회의는 해당 사안에 대해서 책임과 권한을 가지고 있는 고위공무원들이 참석하는 자리이다. 그럼에도 불구하고 자신들이 준비한 예상 질문에서 벗어난 질문을 받게 될 때, 고위 공무원들은 자신의 생각을 주체적으로 정리하여 문제해결력을 가지고 대처하지 못하고, 당혹감 속에서 단순히 통계치만 읊고 나온 것이다. 이는 비판적으로 사고하고 소통하며, 탄력성을 가지고 대응하는 종합적 역량이 낮다는 것을 보여준다. 특히 그 무대가 국제무대였다는 것은 안타까운 일이다.

지위와 권한을 가진 고위급 공무원조차 제대로 답변을 내놓지 못하는 이유가 무엇일까? 단순히 해당 사안에 대해서 지식과 정보가 없는 것이 아니라, 기계적으로 대응하는 기본 태도가 문제라 할 수 있다. 더 우려스러운 것은 이들은 집단이 내놓는 공동의 입장만 외우고 드러낼 뿐, '나'의 생각을 조직 논리에서 배제시킨 채, 무채색의 개인주의가 주는 편의에 빠져있다고 해도 과한 해석이 아니다.

다문화교육과 세계시민교육을 주류화하고 삶 속에서 내재화하기 위해서는 제도와 문화, 개인들의 마음의 습관이 유기적으로 연계되어 바뀌어야 하는 중장기적인 개입이 필요하다.

우리의 교육계가 현재에서 미래를 향한 지도를 그려가기 위해서 무엇을 해야 할 것인가? 「AS IS－ TO BE」 모형을 통해서 현재 개인들의 지식, 기술, 태도를 점검하고, 미래 역량을 높이기 위한 전략이 무엇일지 성찰해 보는 활동이 유의미할 것이다.

다문화역량과 세계시민역량을 키우는 성찰 활동

현재 나의 역량 자체 평가(현재 → 원하는 미래)

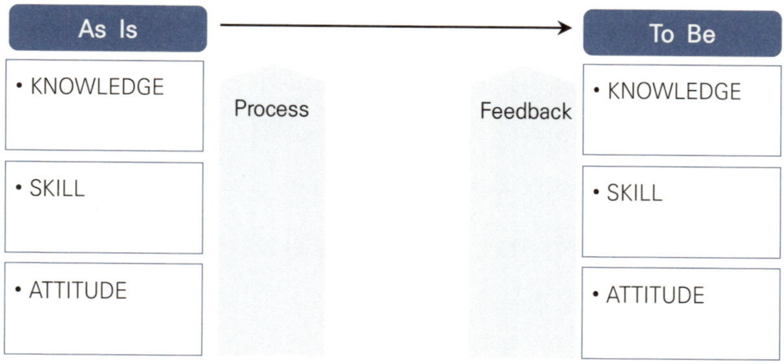

영향력과 제언

다문화교육과 세계시민교육은 알면 도움이 되는 교양교과에 그치지 않는다. 한편 지금보다 더 나은 지구 공동체로의 변화는 반드시 유엔의 지속가능발전목표(UN SDGs)라는 거시적인 지표를 통해서만 이루어지는 것이다. 오히려 소소한 일상 속 삶의 문제이자 미래의 비전과 연결된다. 직장, 가정, 지역사회, 소모임 등 어떤 공간에서든 내 삶에서 내가 품고 실천하는 다양성의 화두를 어떻게 풀 것이며, 이질적인 타인들과 연대하며 공존하는 삶의 방식을 끊임없이 배워나가는 과정이 중요하다.

존 듀이(John Dewey)는 우리의 삶은 '경험'으로 이루어져 있다고 말했다. 다문화교육을 통해 개별 주체들은 경험의 프레임과 보폭이 달라질 수 있다. 협소한 의미에서 다문화교육은, 다문화배경 학생들이 사회구성원이 되어서도 차별과 소외에 맞서며 주체적인 삶을 살아갈 수 있도록 다리를 만들어 주는 교육이다. 또한 광의의 의미에서 그것은 인구절벽의 위기 앞에서 개방과 포용성으로 새로운 미래를 열어가야 할 한국 사회를 재구조화하는 데 중추적인 교육이다. 궁극적으로 우리 사회가 보유한 다양성이라는 잠재력을 극대화하며 다양한 사회 구성원의 자유, 평등을 보장하고, 상호 공존하기 위한 교육이다. 그렇기에 세계를 여는, 미래를 향한 교육으로서 다문화교육과 세계시민교육의 위상은 재정립해야 한다. 위에서 아래로 내려오는 정책을 통해서가 아니라, 깨어있는 교육자의 힘으로 충분히 이루어져야 할 것이다. 교육자의 힘과 역량이 발휘될 수 있도록 국가와 지역교육청, 그리고 시민사회는 지원을 아끼지 않아야 할 것이다.

더 큰 민주주의를 향한 연대,
지역에서 세계시민성 실천

STORY 18

지역에서의 세계시민교육 실천 방법

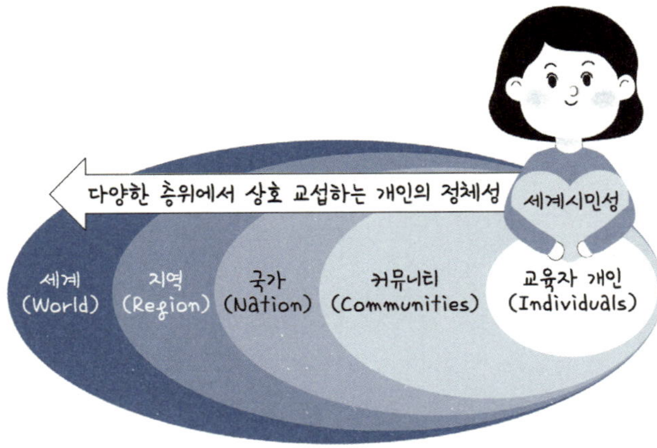

"세계시민교육의 가치는 충분히 이해되는데, 교사로서 세계시민교육에서 말하는 글로벌한 경험이 없어요. 지역에 살면서 세계시민교육을 실천하는 방법이 있을까요?"

2015년 9월, 유엔 뉴욕본부에서 열린 제 70차 UN 총회에서 2030년까지 국제사회가 달성하기로 결의한 지속가능발전목표(SDGs)가 채택되었다. 필자는 외교부와 교육부의 요청으로 'UN SDG 교육의제'의 자문관을 맡아서, 역사적인 UN 총회의 교육우선구상(UNSG GEFI)의 고위급 국제회의에 참석하였다. 본 회의에서 발표된 의제와 성명서는 이미 2013년부터 2년간 준비한 각종 국제회의와 국가별 세미나에서 합의된 골격들을 담고 있어서, 크게 새로울 것은 없었다. 오히려, 이렇게 인류의 국제협력 역사에 한 획을 그을 UN 총회 이후, 우리가 국가 수준에서, 개인이 몸담고 있는 지역 수준에서 어떻게 이러한 교육의제를 실천할 수 있을 것인가에 대한 묵직한 과제를 자각하는 것이 더욱 중요하다고 볼 수 있다.

그 중에서도 한국 정부는 유엔의 193개국 회원국을 향해서 교육 분야에서 세계시민교육의 중요성과 한국의 교육적 리더십을 공식적으로 선언한 것을 주목할 필요가 있다. 2015년 이후, 교육부를 중심으로 중앙정부와 지방 교육청에서 '세계시민교육 선도교사'를 선발하고 세계시민교육을 교육 현장에서 확산하기 위한 노력을 기울인 맥락을 읽을 수 있다.

국제사회에서 세계시민교육이 선언되고 공감대를 형성한 중요한 역사적 모멘텀을 누구보다 가까이에서 지켜본 필자 입장에는 세계시민교육이 활성화되는 것이 누구보다 반갑고, 가슴 떨리는 일이다. 그런데 한편, 세계시민교육이 글로벌이라는 테두리 속에서 추상적이고 화려한 국제교육으로 오역되는 것이 아닌가라는 우려도 가지고 있다. 한걸음 나아가, 교육자로서 국제적인 경험이 없으면 세계시민교육을 제대로 가르칠 수 없는 것이 아닌가라는 의문표까지 생성될 수 있다.

실제로 프랑스 본부에서 열린 유네스코(UNESCO)의 UN 교육의제 구상을 위한 각종 전문가급 국제회의에서도 이러한 질문들이 제기되었다.

- '누가 세계시민인가?'
- '누구를 위한 세계시민교육인가?'
- '선진국의 기준과 가치체계를 담은 교육이 아닌가?'

충분히 고려할 만한 질문이며 비판적 사고가 요구되는 지점이다. 우리는 흔히 '세계시민교육= 국제사회에서 경쟁력 있는 글로벌 인재 교육'으로 생각하기도 한다(김진희, 2017).[1] 이러한 사고방식은 더 많은 글로벌 자원과 경험을 가진 자가 그렇지 못한 약자에 자선을 베푸는 엘리트주의적 세계시민교육으로 환치될 가능성을 가진다. 세계시민교육에 대한 오해는 다음의 질문에서도 유추할 수 있다. '외국어를 잘하는가?', '해외여행을 많이 하는가?', '해외 시장에서 경쟁력이 있어야 한다?', '국제기구에서 일하는 인재를 키우는 교육인가?

이러한 질문들 속에서 관념적으로 세계시민교육이 무엇인지 알고 있지만, 국제적인 경험을 직접 해본 적이 없는 교육자들이 지역에서 세계시민교육을 실천하기 위해서 무엇을 할 것인지를 살펴보는 것은 유의미하다.

●● 이론

인구절벽과 고령화는 한국 사회의 성장 동력을 휘청거리게 하고 있다. 그 속에서 다문화를 넘어서 필수불가결하게 이민정책, 이민사회 담론이 나오고 있다. 배타적이고 통치적인(exclusive and governing approach) 접근의 다문화정책이 아니라, 국민과 이민자의 상호교류를 촉진하고 수평적인 참여를 도모하여, 다양성을 하나의 자원으로 받아들이는 것이 점차 중요한 미래방향이 되고 있다. 이를 통해서 '오늘의 한국'과 '미래의 한국'의 모습은 달라질 수 있고, 새로운 성장 동력을 통해서 또 다른 양태의 발전적인 사회문화적 생태계가 창출되도록 포

1 김진희(2017). 글로벌시대의 세계시민교육, 박영스토리.

용적인 이민정책이 요구되고 있다.

더욱이 우리나라는 외국인, 이민 2세, 귀화자 등 '외국 출신으로 이주배경'을 가진 인구가 전체 인구의 약 5%를 넘는 다문화국가로서, OECD가 정의한 다문화, 다인종 국가의 양적인 기준을 충족하고 있다. 2021년 6월에 열린 이민정책연구원[2]의 <이민정책포럼>에서는 국내 이민정책이 고령화－코로나－초연결사회 등장에 부응해야 한다는 전향적인 화두를 던졌다. 다양한 이주민의 편입과 사회통합 모형이 대상별로 유기적으로 구사되고, 궁극적으로 시민참여형 이민정책의 프레임이 필요하다는 것이다.

교육자는 이러한 사회변화를 누구보다 기민하게 읽고 학습자들의 인식을 폭넓게 확장해주는 견인자의 역할을 수행할 필요가 있다. 세계시민교육에서는 다문화교육과 달리 '시민'이 중핵적인 교육으로 들어가 있다는 점을 유념할 필요가 있다. 포용적이든, 선택적이든, 어떤 형용사를 가진 이민정책이 설계되고 실천되더라도, 다양한 사회구성원들이 '시민'으로서의 지위와 정체성을 형성하게 되고, 그 속에서는 누구도 경험하지 못한, 또 다른 형태의 민주주의가 요구될 것이다. 세계시민교육은 암묵적인 배제와 소외가 작동되는 '더 적은 민주주의'가 아니라, 인종적, 민족적, 종교적, 언어적 차이와 다양성을 가진 구성원들의 공존 과정에서 불가피하게 드러나는 복합적인 갈등과 충돌을 조율하는 '더 큰 민주주의'가 필요할 것이다. 그야말로 새로운 표준과 가치체계, 공동체의 규범, 그리고 협의가 하나의 시험대 위에 놓일 것이다.

이러한 큰 흐름 속에서 모든 교육자가 직접적인 국제적인 경험을

2 이민정책연구원(2021.6.2.) 제14회 세계인의 날 기념 이민정책포럼 개최 보도자료.

할 필요가 없다. 심지어 동일한 국제교류 경험을 했다고 하더라도, 이를 해석하고 의미부여를 하는 방식은 교육자마다, 사람마다 상이하다. 더욱이 개별 경험이 재구성되는 학습과정은 개인의 학습궤도(individual learners' learning trajectory)에 따라서 다양하게 이루어진다(Jarvis, 2010).[3]

예컨대 세계시민교육 선도교사들은 저마다 일상의 생활세계(life world)를 가지고 있고, 자신이 살고 있는 지역에서 경험하는 세계시민성의 실체는 조금씩 상이하게 나타날 수 있다. 왜냐하면 세계시민으로서의 정체성, 가치, 태도, 실천 행위는 지역 내의 사회적인 상호작용을 받으며 재구성되기 때문이다. 교육자가 살고 있는 지역에서 다문화배경을 가진 구성원들에 대한 사회적 인식, 이주노동자에 대한 처우, 공공장소에서 마주친 이주민과의 상호작용 분위기, 난민 혹은 미등록 체류자에 대한 건강권과 학습권이 작동되는 지역 내 제도와 인프라 등은 상이할 수밖에 없다. 이러한 상황에서 직접적인 해외출장, 여행, 국제경험을 가지지 않더라도 교육자는 위에서 열거한 주요 지표가 되는 지역의 자원을 메타적으로 인식하고 활용할 수 있다.

세계시민론은 초국가적인 연결성과 연대성을 강조하며, 특히 그 사회에서 가장 열악한 위치에 있는 소수자의 인권과 사회정의를 실현하는 윤리적인 접근이 강조된다(Appiah, 2006).[4] 그럼에도 불구하고, 변화하는 현대사회에서 세계시민교육의 지형도 달라지고 있다. 과거에는 전 세계의 다양성 이해와 국제사회의 관계를 다각적으로 인식하는 것을 강조했다면, 이제는 사회적 불평등을 해소하고 정의를 실현하는 지

3 Jarvis, P. (2010). Adult Education and Lifelong Learning: Theory and Practice(4th edition), London & New York: Routledge.

4 Appiah, Kwame Anthony (2006). Cosmopolitanism: Ethics in a world of strangers. New York ; London: W.W. Norton.

속가능한 연대와 참여를 강조하고 있다. 지역에서 세계시민성을 실천하는 것은 이러한 핵심적인 철학적 기반과 이론을 주춧돌로 삼고, 교육자의 시각으로 추진될 수 있다.

세계시민교육의 변화 :
다양성, 국제이해 논의 → 사회경제적 평등, 정의, 협력, 연대

- 국내외의 다양한 이해관계자 읽기(국가, 국제기구, NGOs, 기업, 민간협의체)
- 자유주의, 엘리트주의적 세계시민성(Philanthropic capitalism) 경계
- 국제사회의 갈등과 충돌 지점, 구조적 문제 침묵하지 않기
- 개인의 뿌리, 지역 삶터에서 세계시민성 실천
- 정상 vs 비정상, 주류 vs 비주류, 표준 vs 뉴노멀(new normal) 이분법 지양

실천 전략

세계시민교육은 지식과 개념이해 만큼이나, 행위 영역의 실천이 강조되는 교육이다. 세계시민교육을 영어로 'global citizenship', 'world citizenship', 'cosmopolitan education', 'education for active global democracy' 등 유사 개념을 활용해서 분석하더라도, 연대와 협력(solidarity and cooperation)이 공통적으로 강조되는 핵심어로 나온다. 연대와 협력은 관념적 인식 영역을 넘어서, 인간의 행위 영역이다. 그런 측면에서 세계시민교육을 실천하는 것은 곧 세계시민성을 교육적으

로 실천하는 것이라 할 수 있다.

2018년 7월에서 중학생들이 청와대 국민청원 홈페이지에 동급생 친구를 위해서 '제 친구가 공정한 심사를 받아 난민으로 인정되게 해 주십시오'라는 제목으로 국민청원을 낸 사건이 있었다. 서울의 한 중학교에서 같이 공부하던 친구를 추방하지 말고, 난민으로 인정해달라는 연대와 협력의 실천 행위를 한 것이다. 이들 10대 청소년들은 인식적으로 국제 난민을 이해하고, 다양성을 존중하는 것을 넘어서, 청와대 앞에서, 서울출입국·외국인청 앞에서, 직접 플래카드(placard)를 만들어 집회를 열고, 언론과의 인터뷰를 하면서 친구를 돕기 위해서 힘을 모으며 연대했다.

대한민국 최초로 이루어진 청소년들의 난민 청원은 청와대 국민청원에서 약 3만명의 동의를 얻었고, 난민 지위를 인정받지 못하면 추방당할 위기에 놓였던 이란 출신 A군은 마침내 3개월 후 법무부 서울출입국·외국인청으로부터 난민 지위를 부여받게 된다.

어떻게 이런 일이 가능했을까? 이들 중학생들이 세계시민교육을 교육과정에서 받은 적이 있는지는 필자는 알 수 없다. 그러나 이러한 실천과 연대가 가능할 수 있었던 학습의 맥락은 보다 심층적인 분석의 가치가 있다. 언론보도를 통해서 국민 청원과 집회를 열었던 중학생들이 학교 교사, 교회, 성당, 지역의 커뮤니티 등에서 소정의 금액을 모금하며 시민사회의 협조를 구했고, A군에게 전달한 것을 알 수 있었다. 지역에서 학교 담장의 안과 밖을 연결해서 세계시민성이 발휘되는 무형식적인 학습(informal learning)의 힘을 읽을 수 있는 대목이다. 특히 학습자로 위치 지어진 중학생들은 국제난민 문제에서 관망자가 아니라, 변화를 이끈 주역이 되었다는 점은 괄목할 지점이다.

미등록 체류자 신분이었던 A군이 난민 지위를 인정받게 된 성과 그 자체가 중요한 것이 아니라, 인종적, 민족적, 종교적 배경이 다른 사회구성원이 동료 '시민'이자, 더불어 살아가는 나의 '이웃'으로 살아가도록 사회적 연대가 이루어진 사례라는 점을 주목할 필요가 있다. 그런 측면에서 세계시민적 실천은 소수자의 인권과 권리를 보장하는 적극적인 사회적 인권 개념을 담지하고 있다.

학교교육과정에서 세계시민교육을 실천하기 위한 기초 접근

학습자: 전 세계를 인식하는 '눈'의 확장, 글로벌체제에 대한 인지력, 의식, 가치, 태도, 개입과 참여의 질적 변화 도모

교수자: 세계시민교육을 교수학습 체제에서 가르치고 촉진하고 개입하는 참여자, 세계시민으로서의 교사의 정체성 문제

교육과정: 각 교과마다 세계시민성을 투영한 융합적 접근, 성찰적이고 학습자 중심적 교수학습 체제 마련

이제 교육자들은 지역에서 세계시민교육을 실천하기 위해서 무엇을 해야 할까? 현업에서 여러 업무로 소진된 모든 교사들이 학교 안팎을 넘나들며, 팔을 걷어붙이고 힘을 모아서 연대해야 한다는 것이 아니라, 가장 근원적으로 교육자의 성찰에 기반을 둔 작은 실천들이 중요하다. 우선 스스로 '세계시민교육자는 누구이며', '나는 세계시민교육자인가?', '세계시민교육자 되기 위해서 나는 어떤 인식론을 가지고, 지역에서 세계시민성을 실천할 수 있을 것인가'라는 성찰과 내재화가 수반되어야 깊게 뿌리를 내릴 수 있다. 그 위에서 미시적인 실천들은 교육적 의미를 발할 수 있다.

지역에서 세계시민성을 실천하는 유형·무형의 자원 찾기

교사와 학생의 공동 탐구 학습과 쟁점 토론

- 우리 지역은 세계와 어떻게 연결되어 있는지 각종 국제교류 현황과 정책 지표 조사
- 다양하고 이질적인 배경을 가진 구성원에 대한 우리 지역 주민들의 인식 수준 조사(ex: 길거리 현장 인터뷰, 편견 실험)
- 우리 지역의 외국인, 귀화자, 이민자, 이주노동자, 유학생의 규모 및 추이, 처우 탐색
- 공공장소에서 마주친 이주민과의 상호작용 분위기와 문화적 풍토 조사
- 난민신청자, 비호신청자, 미등록 체류자에 대한 건강권과 학습권 보장 수준 및 지역 내 인프라 현황 조사

이렇듯 학습자에게 세계와 지역을 통합적으로 인식하는 지식과 태도를 일깨워주고, 교육자 스스로 세계시민이라는 정체성을 가지고, 교수학습체제에서 세계시민성을 유기적으로 다룰 수 있는 것이 중요하다.

세계시민교육자의 체크리스트

✔ 나는 얼마나 개방적인가?

✔ 나는 세계시민으로서의 권리와 책임을 알고 있는가?

✔ '나' 개인이 가진 지역적 정체성, 국가적 정체성, 세계시민적 정체성이 다층적으로 존재하는 것을 인식하는가?

✔ 교육자로서 국제사회의 역동과 권력, 외교 관계의 흐름을 인식하고 있는가?

✔ 지역에 살고 있지만 나는 국가, 지역, 국제사회가 연결되어 있다고 생각하는가?

✔ 자유, 평등, 정의, 다양성 존중이라는 보편적 가치의 중요성을 인식하는가?

✔ 지속가능한 발전을 향한 국내·외의 연대와 실천에 참여할 의향이 있는가?

✔ 내가 속한 공동체에 숨어있거나 도사리고 있는 차별, 갈등, 불평등을 비판적으로 읽어낼 수 있는가?

✔ 지역사회에서 다양한 국적, 인종적, 민족적, 종교적 배경을 가진 구성원들과 공존하기 위해서 나의 실천은 중요하다고 보는가?

✔ 사회 정의와 윤리적 실천을 위해서 우리 지역의 사회적 약자, 취약계층이 부당한 대우를 받는다면 이를 개선하기 위해 나의 행동이 필요하다고 생각하는가?

●● 영향력과 제언

한국은 다문화사회로 본격적으로 진입했다. 직간접적으로 다양하고 이질적인 사회구성원을 만나고 협업할 가능성은 더욱 높아진 것을 의미한다. 그런데 여전히 우리는 낯선 사람, 외국인, 다른 언어를 구사하고 나와 다른 생김새를 한 사람들과 소통하고 교류하는 것은 편치 않고 어색하다. 외국인에 대한 신뢰도 낮다. 문화체육관광부가 전국 성인 남녀 5,100명을 대상으로 실시한 <2019년 한국인의 의식·가치관 조사>에서 한국인들은 '처음 만난 낯선 사람을 신뢰한다(10.9%)'는 항목과 '국내 거주 외국인을 신뢰한다(11.7%)'는 항목에서 비슷한 수준으로 신뢰도가 낮게 나타났다. 사회적 신뢰도는 그 사회의 무형적 자산이다. 여전히 갈 길은 멀다.

세계시민이면서 동시에 지역에 헌신하는 시민이 되는 것은 이론처럼 쉽지 않다. 앞서 다양한 방법론을 제시했지만, 한 번의 교수방법으로 세계시민교육이 완성될 수 없는 노릇이다. 타자를 존중하고 문화적, 종교적, 인종적 다양성을 존중하는 것은 큰 비용이 들지 않는다. 그런데 신자유주의 아래에서 정치경제적 불평등이 확대되고, 격차가 커지는 사회에서 세계시민론에서 강조하는 보편적 인류애와 인권 보장을 위한 적극적 조치가 지역에서 뿌리를 내리기 위해서는 사회적 비용과 합리적 조정이 요구된다. 그렇기에 교육자들은 이처럼 복합적인 세계를 읽는 비판적인 통찰력이 필요하다.

그런 측면에서 다양성이 폭이 확대되고, 사회적 신뢰의 중요성이 증대되는 오늘날, 교육자에게는 성장형 사고방식이 더욱 요구된다. 인간의 사고방식을 '고정형 사고방식(fixed mindset)'과 '성장형 사고방식

(growth mindset)'으로 구분해볼 때,[5] 사람의 지능, 능력, 성격은 바꿀 수 없다는 관점의 고정형 사고방식은 성장 지점의 한계를 규정하고 대상에 대한 편견을 고착화시킬 우려가 있다. 반면 인간의 주도적인 노력으로 변화의 가능성을 믿는 성장형 사고방식은 낯설고 어려운 문제에 도전하면서 실패를 통해서 배움을 얻을 수 있다는 관점이다. 교사 스스로도 평생학습자로서 낯설고 이질적인 존재와 사태들 속에서 사회적 상호작용을 거치며 성장하게 된다. 지역에 헌신하고 세계시민적 실천을 하는 여정은 지난한 과정이다. 설령 세계시민교육자를 모두가 환대하고 격려하지 않을지언정, 작고 여린 미시적인 실천들은 다양성과 연대성을 통해서 점차 우리사회의 사회적 신뢰를 만들어내는 움푹 팬 발자국들을 만들어 갈 것이다.

5 캐럴 드웩(2017). 마인드셋: 스탠퍼드 인간 성장 프로젝트 원하는 것을 이루는 태도의 힘, 김준수 역, 스몰빅라이프.

찾아보기

참고문헌

논저

김진희(2019). 다문화교육과 세계시민교육 이론과 쟁점. 박영스토리.

김진희(2017). 글로벌시대의 세계시민교육 이론과 실제. 박영스토리.

김진희(2014). 다문화주의를 둘러싼 국제 갈등 이슈와 다문화교육의 방향 성찰, 다문화교육연구, 7(1), 101-129.

김진희·김자영·권진희(2021). 다문화배경 청년의 학습생활과 교육요구에 대한 질적 분석, 평생학습사회, 17(2), 61-88.

김호기(2020.10.27.). 다름을 인정하자…포퓰리즘 대항마는 포스트모더니즘, 한국일보 칼럼.

보울즈 & 진티스(1986). 자본주의와 학교교육. 이규환 역, 사계절.

야마구치 슈(2020). 뉴타입의 시대. 김윤경 역, 인플루엔셜.

여성가족부(2018). 국민다문화수용성 조사 연구.

염운옥(2019). 낙인 찍힌 몸: 흑인부터 난민까지, 인종화된 몸의 역사. 돌베개.

오욱환(1999). 사회변동과 교육의 관계에 대한 이론의 구성, 한국교육, 26(2), 75-113.

이민정책연구원(2021.6.2.) 제14회 세계인의 날 기념 이민정책포럼 개최 보도자료.

정용석(2013). 통합교육은 좋은 것이고 분리교육은 나쁜 것인가? 특수교육학연구, 47(4), 199-206.

조혜영(2017). 다문화가족 지원과 역차별 이슈 인식 고찰, 다문화와 평화, 11(3), 135－159.

캐럴 드웩(2017). 마인드셋: 스탠퍼드 인간 성장 프로젝트 원하는 것을 이루는 태도의 힘. 김준수 역, 스몰빅라이프.

윌리엄 피터스(2012). 푸른 눈 갈색 눈: 세상을 놀라게 한 차별 수업 이야기. 김희경 역, 한겨레출판사.

허영식·정창화·최치원·김진희·게오르크 바이세노(2014). 간문화주의와 다양성관리. 박영스토리.

Appiah, Kwame Anthony(2006). Cosmopolitanism: Ethics in a world of strangers. New York ; London: W.W. Norton.

Campbell, Duane E(2009). Choosing Democracy: A Practical Guide to Multicultural Education (4th Edition), Pearson.

Campbell, Emma(2015). “The end of ethnic nationalism? Changing conceptions of national identity and belonging among young Koreans”, Nations & Nationalism, 21 (3), 483－502.

Connelly, F. Michael & Clandinin, D. Jean.(1988). Teachers as curriculum planners: Narratives of experience, Teachers College Press.

Ozǵener, S.(2008). Diversity management and Demographic Differences－based Discrimination, Journal of Business Ethics. 82, 621－631.

Jarvis, P. (2010). Adult Education and Lifelong Learning: Theory and Practice(4th edition), London & New York: Routledge.

Parker J. Plamer(2012). 비통한 자들을 위한 정치학, 김찬호 역, 글 항아리.

UCL(2019). Inclusive teaching, Teaching Toolkits: UCL Arena Lentre.

언론 보도

Jtbc(2019.6.19.). [팩트체크] 황교안 "외국인 노동자, 한국 경제에 기여 없다" 발언 검증.

매일경제(2019.7.28.). 건강보험 가입 외국인 100만 명 넘었다. 120만 명 육박 추산.

MBC(2019.12.10.). 월급 대신 '종이돈'…이주노동자 울린 신종체불.

연합뉴스(2016.5.2.). 시리아에서 온 소년 '바라'의 첫 초교운동회.

사진출처

연합뉴스, Google.com

저자약력

김진희

김진희는 이화여대 사회교육과를 졸업하고, 서울대학교 교육학과에서 석사학위를 받고, 동 대학원에서 박사과정을 수료하였다. 이후 영국 University of Surrey에서 「Border Crossing on Migrant Workers' Lifelong Learning」으로 박사학위를 받고 단과대 최우수 박사논문상을 수상한 바 있다. 박사 학위 취득 이후 호주 연방정부의 신진학자 연구상(Endeavour Awards)을 수상해서 University of Technology Sydney의 기금교수로 재직하고 남아프리카공화국 Free State University의 특임교수로 활동했으며, 현재 한국교육개발원 연구위원으로 재직하고 있다. 그동안 국제이주와 교육학이 교차하는 다양한 이론 연구와 실천 지형에 관심을 가지면서 다문화교육, 세계시민교육, 국제교육개발협력 연구에 매진해 왔다. 제70차 유엔(UN) 총회의 글로벌교육우선구상(GEFI)에 관한 한국 정부의 정책자문관으로 참여한 바 있으며, 현재 유네스코 프랑스 본부의 자문위원과 한국다문화교육학회 및 한국국제이해교육학회의 이사로 활동하고 있다. 국내의 교육실천 현장에서 교육부 외국인유학생 자문위원, 한국연구재단 학술 심사위원, 한국국제협력단 자문위원, 한국수출입은행 심사위원, 삼성꿈장학재단 전문위원으로서 참여하고 있다. 저서로는『Transnational Migration and Lifelong Learning』,『다문화교육과 평생교육』,『글로벌시대의 세계시민교육』,『다문화교육과 세계시민교육의 이론과 쟁점』,『간문화주의와 다양성관리』등 55권의 논저가 있다.

교육자를 위한

다문화교육과 세계시민교육 방법론

초판발행 2022년 1월 15일
초판2쇄발행 2022년 10월 20일

지은이 김진희
펴낸이 노 현

편 집 전채린
표지디자인 이현지
제 작 고철민·조영환

펴낸곳 ㈜ 피와이메이트
서울특별시 금천구 가산디지털2로 53 한라시그마밸리 210호(가산동)
등록 2014. 2. 12. 제2018-000080호
전 화 02)733-6771
f a x 02)736-4818
e-mail pys@pybook.co.kr
homepage www.pybook.co.kr
ISBN 979-11-6519-211-2 93370

정 가 18,000원